入职上岗三日通系列

Property Consultant
置业顾问
快速上岗三日通

王高翔 主编

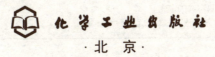

化学工业出版社

·北京·

本书不仅为置业顾问新手提供工作指引，更为新手们提供实际工作开展的步骤、方法、细节、技巧，相信职场新手阅读后有助于其快速地融入企业、进入工作状态，也能快速地成长为企业所需的人才！

书中设置多个模块，理论与实际相结合，实操性强，包括每日诵读、每日小结、小Q有点烦、课前导引、课后小结等栏目。读者可以根据自己学习过程，进行一个自我互动的学习总结，可以说是打破了传统图书的长篇理论形式，非常适合新手自学。

本书具有实操性、全面性、工具性、简明性等特点，可作为广大职场新手的基础培训手册或自学提升教程，也可供相关企业的管理人员及相关专业的师生学习参考。

图书在版编目（CIP）数据

置业顾问快速上岗三日通/王高翔主编．—北京：化学工业出版社，2013.6（2020.4重印）
（入职上岗三日通系列）
ISBN 978-7-122-16946-4

Ⅰ.①置… Ⅱ.①王… Ⅲ.①房地产业-基本知识 Ⅳ.①F293.3

中国版本图书馆CIP数据核字（2013）第067913号

责任编辑：陈　蕾　　　　　　　　　装帧设计：尹琳琳
责任校对：战河红

出版发行：化学工业出版社（北京市东城区青年湖南街13号　邮政编码100011）
印　　装：大厂聚鑫印刷有限责任公司
710mm×1000mm　1/16　印张10　字数172千字　2020年4月北京第1版第9次印刷

购书咨询：010-64518888　　　　　　售后服务：010-64518899
网　　址：http://www.cip.com.cn
凡购买本书，如有缺损质量问题，本社销售中心负责调换。

定　　价：38.00元　　　　　　　　　　　　　　　版权所有　违者必究

前言
PREFACE

职场新手是指刚刚从学校毕业,初入职场或在工作中刚开始转型的新人。那么,什么样的职场新人最受欢迎呢?大多企业家都认为:"既能把公司不起眼的小事做好,又有担当重任的准备和决心;既能带来新的竞争活力,又能与老同事进行协作和处理好关系的新员工,就是最佳的新员工。"因此,对于刚入职的新人来说,一定要有"既要有谦虚谨慎做小事的耐心,又要有敢于担当做大事的信心"的良好心态。

然而,对于新手而言,要真正把工作开展起来却不那么容易,因为书本上的东西有时在实际工作中常常用不上!因此许多新人会感到迷茫。而这时,你要更加注重学习才行!学无止境,特别是你进入了新公司,一切都是新的,你在学校里面学的知识,或是以前的一些经验和技能或许在这个公司不适用,也许一切都要从头来过。新手要时刻保持高昂的学习激情,不断地补充新知识,不断掌握新技能,才能适应公司发展,获取更多更好的发展机会。

新手要善于学习,学习的途径很多,向同事学、向网络学、向书本学,公开地请教、暗地里观察,都可以帮助自己成长。

《入职上岗三日通系列》丛书为新手提供了一个绝佳的学习途径和工具,本丛书从岗位的角度出发,就每个岗位分析应该学习什么、怎样学习,并且提供与实际工作开展完全吻合的、实操性很强的学习内容,能够帮助新手快速进入工作状态。

本丛书设置了五个基层岗位——餐饮服务员、酒店服务员、会计、出纳、置业顾问,书名分别为《餐饮服务员快速上岗三日通》、《酒店服务员快速上岗三日通》、《会计新手快速上岗三日通》、《出纳新手快速上岗三日通》、《置业顾问快速上岗三日通》，每本书按新手的成长过程划分为"岗前培训+技能培训+深度培训"三大模块进行讲解和示范。

本丛书设置多个模块，理论与实际相结合，实操性强，包括每日诵读、每日小结、小Q有点烦、课前导引、课后小结等栏目。读者可以根据自己学习过程，进行一个自我互动的学习总结，可以说是打破了传统图书的长篇理论形式，非常适合新手自学。

本丛书的最大特点是不仅为新手提供工作指引，更为新手提供实操的工作开展的步骤、方法、细节、技巧，相信职场新手阅后有助于快速地融入企业、快速地进入工作状态，也能快速地成长为企业所需的人才！本丛书具有实操性、全面性、工具性、简明性，可作为广大职场新手的基础培训手册或自学提升教程，也可供相关企业的管理人员及相关专业的师生学习参考。

本书由王高翔主编，在编写整理过程中，获得了星级酒店、酒楼餐馆、咨询公司一线管理人员的帮助和支持，其中参与编写和提供资料的有杨冬琼、杨雯、冯飞、陈素娥、匡粉前、刘军、刘婷、刘海江、刘雪花、唐琼、唐晓航、邹凤、陈丽、吴日荣、吴丽芳、周波、周亮、高锟、李汉东、李春兰、李建军、柳景章、王峰、王红、王春华、赵建学、滕宝红，最后全书由匡仲潇统稿、审核完成。在此，编者对他们所付出的努力和工作一并表示感谢。同时本书还吸收了国内外有关专家、学者的最新研究成果，在此对他们一并表示感谢。

由于编者水平有限，加之时间仓促、参考资料有限，书中难免出现疏漏与缺憾，敬请读者批评指正。

编 者

目 录
CONTENTS

01 第一日　岗前培训

第一课　上岗须知　4

须知1：你的工作岗位在哪里　4
须知2：你的主要职责有哪些　5

第二课　礼仪规范　7

知识1：拨打电话有何礼仪　7
知识2：接听电话有何礼仪　8
知识3：拨打手机有何礼仪　10
知识4：自我介绍礼仪有哪些　10
知识5：介绍他人礼仪有哪些　11
知识6：握手时有哪些礼仪　11
知识7：交换名片有何礼仪　12
知识8：接受名片有何礼仪　13
知识9：商务拜访的礼仪是什么　13

知识10：引领礼仪有哪些　　　　　　　　　　　14

知识11：乘坐电梯礼仪有哪些　　　　　　　　14

知识12：乘车礼仪有哪些　　　　　　　　　　15

知识13：上茶礼仪有哪些　　　　　　　　　　15

知识14：就座和离席礼仪有哪些　　　　　　　15

知识15：香巾的使用礼仪有哪些　　　　　　　15

知识16：餐桌上礼仪有哪些　　　　　　　　　16

知识17：仪容、仪表有哪些要求　　　　　　　16

知识18：置业顾问的仪态要求有哪些　　　　　17

第三课　专业知识　　　　　　　　　　　　　　18

知识1：房地产的常用术语有哪些　　　　　　　18

知识2：住宅按照住宅的性质可分为哪几种　　　19

知识3：住宅按照住宅的层数可分为哪几种　　　19

知识4：住宅按照住宅的完工程度可分为哪几种　20

知识5：土地的基本术语有哪些　　　　　　　　21

知识6：住宅的建筑形式有几种　　　　　　　　21

知识7：从采用的结构墙体材料上分住宅的建筑
　　　结构可分为哪几种　　　　　　　　　　21

知识8：从受力传递系统上分住宅的建筑结构可
　　　分为哪几种　　　　　　　　　　　　　22

知识9：成套单元住宅的户型结构有哪几种　　　22

知识10：特殊的户型结构有哪几种　　　　　　23

知识11：住宅建筑的技术经济指标有哪些　　　23

知识12：常见的房地产建筑类面积术语有哪些　24

知识13：住宅的三维空间是什么　　　　　　　25

知识 14：常见的规划知识有哪些	25
知识 15：什么是商品房预售	26
知识 16：商品房预售的条件有哪些	26
知识 17：如何申请和办理《商品房预售许可证》	27
知识 18：什么是预售商品房的转让	27
知识 19：什么是商品房现售	28
知识 20：商品房现售的条件是什么	28
知识 21："五证两书"指的是什么	28
知识 22：常用的交易术语有哪些	29
知识 23：常用的建筑类术语有哪些	31

02 第二日　技能培训

第一课　踩盘　38

知识 1：什么是踩盘	38
知识 2：踩盘需要哪些工具	38
知识 3：如何收集踩盘的信息	39
知识 4：踩盘的角色扮演法有哪几种	39
知识 5：现场踩盘的流程是什么	40
知识 6：踩盘需要注意哪些事项	41
知识 7：复盘有何作用	41

第二课　开发房源　42

知识1：开发房源有哪些方法　42

知识2：如何获得独家房源委托　43

第三课　开发客源　44

知识1：获取客源的途径有哪些　44

知识2：如何通过查阅资料获取客源　44

知识3：如何利用连锁介绍法开发客源　45

知识4：怎样利用影响力中心法开发客源　45

知识5：如何利用广告开拓法开发客源　46

知识6：如何利用个人观察法开发客源　46

知识7：约见客户前要做好哪些心理准备　46

知识8：约见客户前要准备好哪些客户资料　47

知识9：约见客户主要包括哪些事项　48

知识10：约见客户的方式有哪些　48

知识11：电话约见客户有什么技巧　49

第四课　客户接待　50

知识1：如何招呼客户入店　50

知识2：如何接待入店客户　51

知识3：如何为客户介绍重点项目　52

知识4：怎样在沿途为客人介绍样板房　52

知识5：如何带客参观样板房　53

第五课　带客看房　54

- 知识1：什么是带客看房　54
- 知识2：带客看房有何作用　54
- 知识3：带客看房有哪些方法　54
- 知识4：带客看房前要做好哪些准备工作　55
- 知识5：如何引导客户看房　56
- 知识6：看完房后要做好哪些工作　57
- 知识7：介绍意向订金时有何技巧　58
- 知识8：客人问"为什么要付订金？"应如何回答　58
- 知识9：客户想预订但钱不够时应如何回应　59
- 知识10：带客看房前要注意哪些事项　59
- 知识11：带客看房时要注意哪些事项　60
- 知识12：带客看房时要注意自身的安全　61
- 知识13：客户异议有哪些类型　61
- 知识14：异议处理有何策略　62
- 知识15：处理客户异议有哪些方法　62

第六课　与业主、客户谈价　64

- 知识1：谈价前要做好哪些准备工作　64
- 知识2：哪些因素会对房价产生影响　65
- 知识3：评估房价的方法有哪些　65
- 知识4：谈价开局有何技巧　66
- 知识5：谈价中期有何技巧　67
- 知识6：谈价后期有何技巧　67
- 知识7：谈价要注意哪些事项　68

知识8：如何与业主杀价　　　　　　　　　　68
知识9：如何应付客户对佣金打折　　　　　　69
知识10：如何应付业主对佣金打折　　　　　 70

第七课　测算购房费用　　　　　　　　　　70

知识1：购房费用由哪些构成　　　　　　　　70
知识2：如何测算新建商品房的购房费用　　　71
知识3：如何测算二手房的购房费用　　　　　72

第八课　相关手续办理　　　　　　　　　　73

知识1：如何办理代理契约鉴证　　　　　　　73
知识2：如何办理缴纳契税　　　　　　　　　73
知识3：如何帮助客户办理按揭　　　　　　　74
知识4：如何办理房贷转按揭业务　　　　　　76
知识5：如何协助客户申请房贷　　　　　　　76
知识6：如何协助客户收房　　　　　　　　　77
知识7：如何协助客户办理房屋验收与移交　　77
知识8：房屋验收需要哪些工具　　　　　　　77
知识9：房屋验收要注意哪些事项　　　　　　78
知识10：如何鉴别商品房的质量　　　　　　 78
知识11：产权证办理需要哪些资料　　　　　 79
知识12：产权证办理的流程是什么　　　　　 79

第九课　签署合同　　　　　　　　　　　　80

知识1：如何签署委托合同　　　　　　　　　80

知识2：如何签署房地产租赁合同　　　　　　　　82

　　知识3：如何签署房地产代理合同　　　　　　　　85

　　知识4：如何签署房地产居间合同　　　　　　　　86

　　知识5：如何签署房屋买卖合同　　　　　　　　　88

　　知识6：如何签署房屋保险合同　　　　　　　　　96

　　知识7：如何签署住房抵押借款合同　　　　　　　99

03 第三日　深度培训

第一课　了解客户　　　　　　　　　　　　　　　112

　　知识1：怎样对客户分类　　　　　　　　　　　　112

　　知识2：怎样分析客户因素　　　　　　　　　　　112

　　知识3：怎样摸清客户性格　　　　　　　　　　　113

　　知识4：了解客户有何技巧　　　　　　　　　　　114

　　知识5：宏观调控下刚需购房者有何心理变化　　　114

　　知识6：宏观调控下改善型购房者的心理有何变化　115

　　知识7：宏观调控下投资型购房者的心理有何变化　115

　　知识8：不同家庭购房阶段有何特征　　　　　　　116

第二课　客户面谈　　　　　　　　　　　　　　　117

　　知识1：什么时机是接近客户的最佳时机　　　　　117

知识2：何时与客户沟通是最佳沟通时机　　118

　　知识3：面谈时观察客户有何技巧　　118

　　知识4：与客户面谈时如何揣摩客户　　119

　　知识5：与客户面谈时如何倾听　　120

　　知识6：与客户面谈时应怎样发问　　120

第三课　避免带客看房错误　　122

　　知识1：怎样避免迁就客人时间、地点　　122

　　知识2：如何避免见面不知如何沟通的情况　　122

　　知识3：如何避免胡乱吹嘘、不熟环境不熟盘的情况　　123

　　知识4：怎样避免看楼时只做带位员　　123

　　知识5：怎样避免不懂报价　　124

　　知识6：如何避免看完房后没有向业主回复客户的情况　　124

　　知识7：怎样突破客户的拒绝　　125

第四课　促成交易　　127

　　知识1：促成交易前要做好哪些准备工作　　127

　　知识2：最佳的促成时机是什么　　127

　　知识3：如何掌握好客户的购买信号　　128

　　知识4：如何排除心理障碍　　128

　　知识5：促成交易有哪些方法　　128

　　知识6：如何说服业主收订　　129

第五课　客户档案管理　　130

　　知识1：如何建立客户档案　　131

知识2：建立客户档案要注意哪些事项　　131

知识3：如何管理意向客户的档案　　131

知识4：如何管理定金客户的档案　　132

知识5：如何管理签约客户的档案　　133

知识6：如何管理问题客户的档案　　134

第六课　问题处理　　135

问题1：如何避免产品介绍不详实　　136

问题2：如何避免任意答应客户要求　　136

问题3：未做客户追踪　　136

问题4：不善于运用现场道具　　137

问题5：客户喜欢却迟迟不作决定　　137

问题6：下定后迟迟不来签约　　137

问题7：如何处理退定或退户　　138

第七课　网络营销　　138

知识1：网络营销方式有哪几种　　139

知识2：网络营销项目有哪些　　139

知识3：如何利用博客进行营销　　140

知识4：如何有效利用关键字词　　141

知识5：怎样扩大博客的影响力　　142

参考文献　　145

01 第一日
岗前培训

第一课　上岗须知

第二课　礼仪规范

第三课　专业知识

第一日　岗前培训

星期：_____　　　日期：_____　　　天气：_____

―― 每日诵读 ――

1. 日清日新！
2. 我是负责任的！
3. 我每天都有新的进步！
4. 决不，决不放弃！
5. 我的成功来自于马上行动！

―― 每日目标 ――

1. _____
2. _____
3. _____
4. _____
5. _____

序号	时间	今日优先事项	期限

小Q有点烦：入职前要了解哪些知识

上周，小Q成功的应聘到一家地产经纪公司，成为了一名置业顾问。人力资源部通知小Q周一开始正式上班。小Q在兴奋之余又有点儿紧张，因为不知如何尽快地适应一个新的环境。

突然，小Q想起在上次同学聚会中，有位同学介绍说自己是一家地产经纪公司的销售主管。小Q找出手机，给同学小A打了个电话，想向他咨询地产经纪公司方面的知识。

小Q："小A，最近忙不？"

小A："还好，还好，你在忙啥呢？"

小Q："我休息了几个月，上周刚应聘到一家地产经纪公司当置业顾问了。"

小A："是不，那我俩可成同行啦？"

小Q："就是，我正想向你请教呢！"

小A："要不，你到我家来，明天我刚好休息。"

小Q："好的，真是太好啦！"

第二天下午，小Q如约到了小A家。由于大家是同学，也不用寒暄，直接步入正题。

小A："我俩都这么熟了，也不用说太多废话，你有什么问题就问吧，我知道的一定会告诉你的。"

小Q："你也知道，我以前没有从事过地产销售行业，这刚入门从置业顾问做起，需要具备哪些知识。"

小A："首先，你要了解你所在地产经纪公司的规模、部门构成、你的直接上司，对地产经纪公司有一个基本的认识。当然，这在入职培训中，都会有所介绍的。"

小Q："哦，这个每个行业都差不多。"

小A："其次，你要熟悉地产经纪公司的环境，如企业文化、规章制度等。"

小Q："哦，这个在入职时也会介绍的吧。"

小A："当然，然后你就需要了解个人素养，如礼仪知识，置业顾问是要直接为客人提供服务的，可以说直接代表了地产经纪公司的形象，因此必须具备优秀的个人素质。"

小Q："这个可不是一两天就能做到的,需要经过专业的训练吧。"

小A："嗯,作为地产销售行业的从业人员,你还要了解地产销售行业的专业知识,如一手房、二手房等。"

小Q："以前觉得挺简单的,听你这一说,需要掌握的知识还挺多的。"

小A："没事儿,你刚从事这个行业,有许多新东西需要了解,慢慢学会就好了。"

小Q："……"

小A："……"

第一课 上岗须知

课前导引

作为一名置业顾问,在上岗前需要了解哪些知识呢?相信这是许多打算从事置业顾问这一行的新人所困惑的一个问题。相信通过本课的学习,你定会耳目一新,找到你所需要的东西。

须知1:你的工作岗位在哪里

作为一名刚入职的置业顾问,首先要了解自己所在的工作岗位在哪里,对于售楼处与地产中介,其组织架构是不同的。

1.售楼处组织架构

楼盘售楼处的组织架构如图1-1所示。

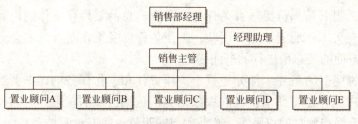

图1-1 售楼处组织架构

2.地产中介组织架构

地产中介的组织架构如图1-2所示。

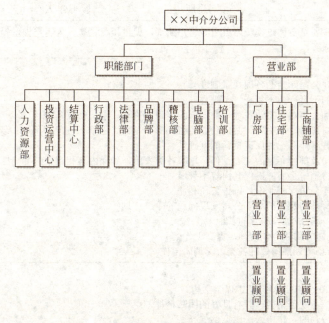

图1-2 ××地产中介分公司组织架构图

须知2：你的主要职责有哪些

　　作为一名刚入职的置业顾问，必须要熟悉自己的主要职责有哪些。主要职责就是分配给每一个人的职务且规定了"该做什么及如何做"，所以，你必须清楚地了解自身的工作内容。

　　有的企业有明确的职务说明书，详细地规定了职务的内容，有些企业则没有，而是由上司口头传达，此时，最好能逐项记录工作项目，以便自身能清楚地把握。

职位说明书是一份提供有关任务、职责信息的文件（工作的内容是什么），也就是对有关工作职责、工作活动、工作条件以及工作对人身安全危害程度等工作特性方面的信息所进行的书面描述。

职位说明书的另外一部分是关于工作责任和工作任务的详细罗列。工作说明书中还应当界定工作承担者的权限范围，包括决策的权限、对其他人实施监督的权限及经费预算的权限等。置业顾问的职位说明书示例见表1-1。

表1-1 置业顾问职位说明书

职位名称	置业顾问	职位代码		所属部门	销售部
职　系		职等职级		直属上级	销售主管
薪金标准		填写日期		核准人	
职位概要：主要负责通过现场服务引导客户购买，促进楼盘销售，为客户提供投资置业的专业化、顾问式的服务					
工作内容： （1）自觉遵守公司制定的各项规章制度 （2）对同事的不良行为不包庇、不纵容 （3）积极参加公司对员工的各项专业知识的培训并争取取得优良成绩 （4）热情、周到地接洽客户，保证自己的服务让客户满意，遇事不与客户争执并及时向上级汇报 （5）认真做好客户登记并保证资料的准确性 （6）完成公司及部门布置的文书工作，填写各类表单，确保内容和数据的准确性 （7）妥善保管销售手册并确保其内容不外泄 （8）严格遵守公司保密制度，维护公司利益 （9）贯彻执行部门制定的关于公司发现问题的改进计划 （10）积极主动完成领导布置的其他工作 （11）培养良好的团队合作精神，提高工作效率 （12）配合市场策划部门做好各类市场调研工作					
任职资格： （1）年龄在20～40周岁，初中以上学历 （2）诚实守信，吃苦耐劳，具有良好的团队精神 （3）能承受较强的工作压力，愿意挑战高薪 （4）普通话流利					

课后小结

怎样？通过本节课的学习，一定有收获吧？现在请写出你的小小学习心得：

第二课　礼仪规范

课前导引

置业顾问直接与客户打交道，代表开发商和楼盘形象，因此仪容仪表显得十分重要。同时，得体的礼仪，更加彰显个人及公司的实力。

知识1：拨打电话有何礼仪

1. 要选择对方方便的时间

（1）不要在他人的休息时间内打电话，应特别注意每天早上7点之前、晚上22点之后、午休和用餐时间都不宜打电话。

（2）打电话前一定要注意地区时差、各国工作时间的差异，不要在休息日打电话谈生意。即使客户已将家中的电话号码告诉你，也尽量不要往家中打电话。

（3）打公务电话，千万不要占用他人的私人时间，尤其是节假日。

（4）非公务电话则要避免在对方的通话高峰、业务繁忙的时间段内拨打。

2. 先说"您好"

打电话时，需要先说"您好"，声音清晰、明快。商务电话只有在确认信号好坏的情况下，才能开口喊"喂"，其他场合，均为禁例。

（1）通话前，最好把对方的姓名、电话号码、通话要点等内容列出一张清单，这样可以避免在谈话时出现缺少条理、现说现想的现象，可以避免遗忘。

（2）要讲的事情最好从结论说起，这样才能将要点清楚明白地告知对方，如果遇到数字和专有词汇时，则应进行复述。

（3）打错电话一定要诚恳、礼貌地向对方道歉。

3. 要长话短说

一般应遵循"三分钟原则"，即是指：打电话时，拨打者应自觉地、有意识地将每次通话时间控制在三分钟内，尽量不要超过这个限定。

4. 规范内容

内容应简明扼要。电话接通后，除了首先问候对方外，千万别忘了自报单位、职务和姓名,请人转接电话时,则要向对方致谢。

5. 注意举止

拨打电话时,应注意自己的举止,一般要注意以下事项。

(1) 打电话时,切忌把电话夹在脖子上;趴着、仰着、坐在桌角上;把双腿高架在桌子上。

(2) 切忌以笔代手去拨号。

(3) 话筒与嘴的距离保持在3厘米左右,嘴不要贴在话筒上。

(4) 商务电话中,原则上应由打来电话的一方先挂断电话。放话筒时,务必轻放。

(5) 不要骂骂咧咧,更不要采用粗暴的举动拿电话撒气。

知识2:接听电话有何礼仪

1. 第二声铃响接电话

电话铃声响起后,应尽快接听,一般应在第二声铃响之后立即接听。

 特别提示 ▶▶▶

不要铃声才响过一次,就拿起听筒,这样会使对方觉得很突然,而且很容易掉线。如果电话铃声响过许久后才接电话,则要在通话之初向对方表示歉意。如果跟对方说:"请稍候片刻",这"片刻"若超过了30秒,则容易引起对方的不快。

2. 注意语调

用平稳、柔和、清晰、愉快的语调接电话,能显示出你的职业风度、可亲的性格。

 特别提示 ▶▶▶

接听电话时,如能面带微笑地与对方交谈,则可使你的声音听起来更为友好、热情。千万不要边打电话边嚼口香糖或吃东西。

3. 分清主次

在会晤重要客户或举行会议期间有人打来电话,可向其说明原因,表示歉意,并承诺稍后联系。

4.及时回复电话留言

一般应在24小时之内对电话留言给予答复。如果回电话时恰遇对方不在时,则要留言,表明你已经回过电话了。如果确实不能亲自回电时,则应托付他人代办。

5.代接电话要细心

代接、代转电话时,要注意以礼相待、尊重隐私、传达及时等问题。

特别提示 ▶▶▶

代接电话时,首先要告知对方,他要找的人不在,然后才可以问他是何人、所为何事,这个顺序绝对不能颠倒。

6.转接电话礼仪

接到转给别人的电话时,一定要按下保留键后再转过去。

7.做好清晰的记录

当通话结束后,你应尽快填写"来电登记表",清晰、详细地记录该客户的相关信息(见表1-2)。

表1-2 来电登记表

来电时间	
姓名	
性别	
年龄	
联系方式	
购房、租房目的	□投资　　□自住　　□其他
户型需求	□一房一厅　　□两房一厅　　□三房一厅　　□三房两厅 □四房两厅　　□楼中楼
面积需求	
地段需求	
认识途径	□网络广告　　□报纸广告　　□朋友介绍　　□路过　　□其他 □DM(海报)
询问内容	
预约时间	
接待人	

知识3：拨打手机有何礼仪

1.手机放置的常规位置

一般来说，手机放置的常规位置如下。

（1）可以放在随身携带的公文包内。

（2）可以放在上衣口袋内，尤其是上衣内袋中，但注意不要影响衣服的整体外观。

（3）不要在不使用时将其握在手里，或是将其挂在上衣口袋外面。

2.暂放位置

不方便把手机放在上述的常规位置时，则可以稍作以下变通。

（1）在参加会议时，可将手机暂交给秘书或会务人员代管。

（2）与人坐在一起交谈时，可将手机放在自己手边、身旁、背后等不起眼的地方。

（3）手机最好还是放在手袋或口袋内。

 特别提示 ▶▶▶

在公共场合使用手机时，应注意不要在公共场合，尤其是在楼梯、电梯、路口、人行道等处旁若无人地大声讲话；在开会、会见等聚会场合，不应当众使用手机。

知识4：自我介绍礼仪有哪些

当对客户进行自我介绍时，应注意以下礼仪。

1.镇定、充满自信、清晰地报出自己的姓名

如果自我介绍含糊其辞，流露出羞怯、自卑的心理，则会使客户觉得你不能把握自己，因而也会影响进一步的沟通。

 特别提示 ▶▶▶

要善于使用体态语言，以表达自己的友善、关怀、诚意和愿望，因为这是体现自信的表示。

2. 根据不同的交往目的注意介绍的繁简

自我介绍一般包括姓名、籍贯、职业、职务、工作单位或住址等。自我介绍时应根据实际需要来决定介绍的繁简，不需要把上述内容逐一说出。

3. 自我评价要把握分寸

自我评价一般不宜用"很"、"第一"等表示极端赞颂的词，也不要有意贬低，关键在于把握分寸。

知识5：介绍他人礼仪有哪些

1. 介绍的顺序

介绍的顺序总的原则是"先次后主"，即：先介绍年轻的，再介绍年长的；先介绍男士，再介绍女士；先介绍职位低的，再介绍职位高的。

2. 介绍的手势

正确的手势是手臂打开、手掌向上、五指并拢，而用手指指对方是极其不礼貌的。

知识6：握手时有哪些礼仪

如果在拜访客户时，客户示意握手，应按照以下握手礼仪与之握手。

1. 要用右手握手

握手时一定要用右手，这是约定俗成的礼貌。在一些东南亚国家，如印度、印尼等，一般不用左手与他人接触，因为他们认为左手是用来洗澡和上卫生间的。如果是双手握手，应等双方右手握住后，再将左手搭在对方的右手上，这表示更加亲切、更加尊重对方。

2. 要紧握对方的手

紧握对方的手，时间一般以1～3秒为宜。注意过紧地握手，或只用手指部分接触对方的手都是不礼貌的。如果是一般关系、一般场合，双方握手时稍微用力握一下即可放开，时间一般为2～5秒。如果关系亲密、场合隆重，则双方的手握住后，应上下微摇几下，以体现出彼此的热情。

3. 不要立即伸手

（1）年轻者、职务低者被介绍给年长者、职务高者时，应根据年长者、职务高者的反应行事，即当年长者、职务高者用点头致意代替握手时，年轻者、职务低者也应随之点头致意。

（2）和年轻女性或异国女性握手时，一般男士不要先伸手。

4. 要欠身相握

（1）年轻者对年长者、职务低者对职务高者都应稍稍欠身相握，有时为表示特别尊敬，可用双手迎握。

（2）男士与女士握手时，一般只宜轻轻握女士手指部位，并应脱帽。切忌戴手套握手。

5. 不可拒绝对方的握手

在任何情况下，拒绝对方主动要求握手的举动都是无礼的，但手上有水或不干净时，应谢绝握手，同时必须向对方解释，并表示歉意。

6. 应注视对方

握手时切不可东张西望、漫不经心，应向对方微笑致意或问好。多人同时握手时应按顺序进行，切忌交叉握手。

7. 应注意伸手的次序

（1）在和女士握手时，男士要等女士先伸手之后再握。如女士不伸手，或无握手之意，男士则点头鞠躬致意即可，而不可主动去握住女士的手。

（2）在和长辈握手时，年轻者一般要等年长者先伸出手再握。

（3）在和上级握手时，下级要等上级先伸出手再趋前握手。

（4）接待来访客户时，主人有向客户先伸手的义务，以示欢迎。

（5）送别客户时，主人也应主动握手表示欢迎再次光临。

知识7：交换名片有何礼仪

与客户交换名片时，应注意以下礼仪。

（1）准备好名片。

（2）名片不要和钱包、笔记本等放在一起，应使用名片夹。

（3）男士要将名片放在上衣口袋内；女士要将名片放在包内。

（4）保持名片和名片夹的清洁、平整。

（5）递名片时，一般由下级或访问方先递名片；介绍时，一般应先由被介绍方递名片。

（6）递名片时，应将名片上的文字朝向对方，双手递上名片，并说"请多关照"、"请多指教"之类的寒暄语。

知识8：接受名片有何礼仪

接受客户的名片时，应注意以下礼仪。

（1）接受客户递过来的名片时，必须起身，并用双手接受名片。

（2）接受名片时，要认真地看一遍客户的职务、姓名等，如果遇到难认的字，应马上询问，以免事后读错。

（3）不要在名片上面作标记或写字。

（4）接受的名片不可来回摆弄。

知识9：商务拜访的礼仪是什么

在拜访客户时，应注意以下礼仪。

（1）拜访前应与对方预约访问的时间、地点及目的，并将拜访日程记录下来（见表1-3）。

表1-3　拜访日程记录表

拜访日期	客户姓名	性别	年龄	现住地址	拜访的目的	备注

（2）事先准备好使用的名片和资料文件等。

（3）拜访时，要注意遵时守约。

（4）到达客户公司的前台时，应先自我介绍。如可以说"我是同××先生（女士）预约过的××公司的××，能否通知一下××先生（女士）"等。

（5）如果拜访客户的公司没有前台，则应向附近的人员询问。

（6）如果被访问客户比较繁忙，或先去办理其他事情时，可表示改换其他时间，再来拜访。如可以说"您现在很忙，那么您看明天××时间您是否方便？"等。

（7）如果需要等候访问的客户时，则应听从访问公司接待人员的安排，在会客室等候。

（8）看见被访问的客户后，则应起立（初次见面，递上名片）问候。

（9）如遇到被访问客户的上司，则应主动起立（递上名片）问候，会谈重新开始。

（10）会谈时，要注意谈话或发言不要声音过大。
（11）会谈尽可能在预约时间内结束。
（12）告辞时，要与被访问客户道别。

知识10：引领礼仪有哪些

1.在走廊引领客户时的礼仪

在走廊引领客户时，应注意以下礼仪。

（1）应走在走廊的左侧，让客户走在走廊的路中央。

（2）要遵守"引客在前，送客在后"的原则。即引领客户进入公司时，应走在客户前方2～3步远的地方；送客户离开公司时，应走在客户后方2～3步远的地方，并应与客户的步伐保持一致。

（3）引路时，应适当地做些介绍。

2.在楼梯间引路时的礼仪

在楼梯间引领客户时，应注意以下礼仪。

（1）应让客户走在内侧，自己走在外侧。

（2）在拐弯或有楼梯台阶的地方，应使用手势，并提醒客户，如可以说"这边请"或"注意楼梯"等。

知识11：乘坐电梯礼仪有哪些

1.当电梯内没有其他人时

搭乘电梯时，如果电梯内没有其他人，应注意以下礼仪。

（1）先进入电梯，按住"开"的按钮，然后请客户进入电梯。

（2）到达后，应按住"开"的按钮，然后请客户先出。

2.当电梯内有人时

如果电梯内有人时，应注意以下礼仪。

（1）无论进出都应让客户优先。

（2）进入到电梯内，先进电梯者应靠后面站，以免妨碍他人乘电梯。

（3）电梯内不可大声喧哗或嬉笑吵闹。

3.当电梯内已有很多人时

如果电梯内已有很多人时，则后进者应面向电梯门站立。

知识12：乘车礼仪有哪些

乘车时，应遵守"右为上，左为下；后为上，前为下"的原则。

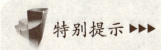

如果是专职司机开车，那么司机后排右侧的座位是留给最重要的人员坐的，即"座位二"是最尊贵的位置。

知识13：上茶礼仪有哪些

在给客户上茶时，应注意以下礼仪。
（1）应将茶碟和茶杯分开放在托盘上端出去。
（2）在端给客户前，要先用左手端住托盘，用右手将茶具配成套，然后再端给客户。
（3）上茶时要特别小心，不要将茶具放在文件等重要的物品之上。
（4）要先上茶给客户，然后再给本公司的职员。
（5）上茶时，应注意使茶水保持大约七分满即可。

知识14：就座和离席礼仪有哪些

就座和离席时，应注意以下礼仪。
（1）应等长者坐定后，方可入座。
（2）席上如果有女士，则应等女士坐定后，才可入座。如果女士座位在隔邻，则应招呼女士。
（3）坐姿要端正，与餐桌的距离保持得宜。
（4）在饭店用餐，应由服务生领台入座。
（5）离席时，应帮助隔座长者或女士拖拉座椅。

知识15：香巾的使用礼仪有哪些

在使用香巾时，应注意以下礼仪。
（1）香巾主要防止弄脏衣服，兼做擦嘴及手上的油渍。
（2）必须等到客户坐定后，才可使用香巾。

（3）香巾在摊开后，应放在双膝上端的大腿上，千万不要系入腰带，或挂在西装领口。

（4）千万不要用香巾擦拭餐具。

知识16：餐桌上礼仪有哪些

进餐时，应注意以下礼仪。

（1）入座后姿势端正，脚踏在自己的座位下；手肘不得靠桌缘，或将手放在邻座的椅背上。

（2）用餐时应温文尔雅、从容安静。

（3）口内有食物，应避免说话。

（4）自用餐具不可伸入公用餐盘夹取菜肴。

（5）应小口进食；食物未咽下，不能再塞入口。如果是滚烫的食物，可喝水或果汁冲凉。

（6）取菜舀汤，应使用公筷公匙。

（7）送食物入口时，两肘应向内靠，以免碰及邻座。

（8）自己手上持刀叉，或他人在咀嚼食物时，应避免跟人说话或敬酒。

（9）切忌用手指掏牙，应用牙签，并以手或手帕遮掩。

（10）避免在餐桌上咳嗽、打喷嚏、恶气，如果控制不住，应说声"对不起"。

（11）如果餐具坠地，则可请侍者拾起。

（12）遇有意外，如不慎将酒、水、汤汁溅到客户的衣服上，则应表示歉意。

（13）如果想取用摆在同桌其他客户面前的调味品，则应请邻座客户帮忙传递。

（14）吃完饭时，餐具一定要摆放整齐，香巾应折好，放在桌上。

（15）主食进行中，不宜抽烟，如果需要抽烟，则先征得邻座的同意。

知识17：仪容、仪表有哪些要求

置业顾问应注意仪容、仪表，具体要求见表1-4。

表1-4 置业顾问的仪容、仪表要求

序号	仪容、仪表	要求
1	身体	勤洗澡，保持身体清洁无异味
2	头发	经常洗头，做到没有头屑；不得染发；男士头发不得盖过耳部及衣领；女士不得披头散发
3	面部	男士不得留胡须；女士化淡妆

续表

序号	仪容、仪表	要求
4	口腔	上班前不吃异味食物，保持牙齿洁白，口气清新
5	双手	勤剪指甲，经常洗手，保持双手干净；男士不要留指甲；女士不要涂带颜色的指甲油，指甲不要太长
6	服饰	衣装整洁、干净，无污迹和明显褶皱，扣好纽扣；工号牌佩戴工整
7	鞋子	干净光亮，不得穿拖鞋、凉鞋；男士穿深色鞋；女士尽量不要穿高跟鞋
8	装饰	可佩戴少量饰物，不得佩戴新奇、夸张的饰物

知识18：置业顾问的仪态要求有哪些

置业顾问应注意以下仪态要求，具体见表1-5。

表1-5 置业顾问的仪态要求

序号	仪态	要求
1	站姿	女士双手叠放身前，脚后跟并拢，脚尖成一字形，分开15～30度，两腿并拢伸直
		男士两脚平行分开与肩同宽，两腿伸直，两手身后相握，右手攥左手
2	坐姿	女士从椅子左侧走到椅子前面，右脚后撤半步，右手后笼衣服后放在身前，双膝并拢，轻轻落座，两脚、腿并拢，小腿与地面垂直
		男士的手应并列腿上或放在椅子扶手上，两腿平行，一拳之隔，与地面垂直；落座时避免动作太大引起椅子的乱动及声响；站起时一般从左侧站起，不要推或拖座椅
3	走姿	步伐适中，不要跑；工作时间，身体不应东倒西歪、前倾后仰，不应伸懒腰、驼背、耸肩、背手等
4	咳嗽或吐痰	用干净的纸巾，或手帕掩住口部，并说对不起

课后小结

怎样？通过本节课的学习，一定有收获吧？现在请写出你的小小学习心得：

第三课 专业知识

课前导引

"专业的才是最好的!"作为置业顾问,必须了解地产方面的专业知识,如地产常用术语,这样,当客户有疑问时,就可以从容应对了。

知识1:房地产的常用术语有哪些

1. 房地产

房地产即土地、建筑物及固着在土地、建筑物上不可分离的部分及其附带的各种权益。房地产由于其自己的特点即位置的固定性和不可移动性,在经济学上又被称为不动产,可以有土地、建筑物、房地合一三种存在形态。

2. 房地产业

房地产业即以土地和建筑物为经营对象,从事房地产开发、建设、经营、管理,以及维修、装饰和服务的集多种经济活动为一体的综合性产业。在实际生活中,人们习惯上将从事房地产开发和经营的行业称为房地产业。

3. 房地产开发

房地产开发即在依法取得土地使用权的土地上,按照城市规划要求进行基础设施、房屋建设的行为。

4. 房地产产权

房地产产权即房地产所有者对其所有的房地产享有的占用、使用、收益、处分的权利。

5. 开发商

开发商即某个项目的第一承担人,包括很多种类,如房地产开发商、软件开发商、游戏开发商等某品牌的开发商,但无特殊说明时,一般指房地产开发商。

6.承建商

承建商即承接建设任务的商人或组织，一般是指施工方，也就是指施工企业。

知识2：住宅按照住宅的性质可分为哪几种

按住宅的性质划分主要有以下7种，具体见表1-6。

表1-6　住宅的类别

序号	类别	定义
1	智能化住宅	即将各种家用自动化设备、电器设备、计算机及网络系统与建筑技术和艺术有机结合，以获得一种居住安全、环境健康、经济合理、生活便利、服务周到的感觉，使人感到温馨舒适，并能激发人的创造性的住宅型建筑物
2	商住住宅	即SOHO（居家办公）住宅观念的一种延伸，它适合于小型公司以及依赖网络进行社会活动的人群
3	经济适用住房	即面向中低收入家庭的普通住宅：适用、经济、美观、安全、卫生、便利；符合城市规划的要求；使用功能要满足居民基本生活的需要；建设标准要符合住宅建设标准，结合市场需求确定
4	酒店式公寓	即建筑的结构形式类似于酒店，而负责管理的物业公司提供酒店模式的服务，如客房打扫、洗衣等，同时居室内配有全套家具及厨房设备
5	廉租房	即政府和单位在住房领域实施社会保障功能，向具有城镇常住户口居民的最低收入家庭提供的租金相对低廉的普通住房
6	公有住房	即国家和单位投资建设或购买的，产权属国家或单位所有的住房
7	集资房	即改变住房建设由国家和单位统包的制度，实行国家、单位、个人三者共同承担，通过多渠道筹集资金，由政府或单位组织建房，或由居民自发组织建造住房，以此解决职工住房困难的一种住房建设方式

知识3：住宅按照住宅的层数可分为哪几种

按住宅的层数划分主要有以下5种，具体见表1-7。

表1-7　住宅的层数划分

序号	类别	定义
1	低层住宅	即（一户）独立式住宅、（二户）联立式住宅和（多户）联排式住宅，适合儿童或老人的生活，住户间干扰少，有宜人的居住氛围
2	多层住宅	即借助公共楼梯垂直交通，是一种最具有代表性的城市集合住宅
3	小高层住宅	即7～10层高的集合住宅，从高度上说具有多层住宅的氛围，但又是较低的高层住宅，故称为小高层

续表

序号	类别	定义
4	高层住宅	即住宅内部空间的组合方式主要受住宅内公共交通系统影响的集合住宅，按住宅内公共交通系统分类，可分单元式和走廊式两大类，其中单元式又可分为独立单元式和组合单元式；走廊式又分为内廊式、外廊式和跃廊式
5	超高层住宅	多为30层以上的集合住宅，其电梯的数量、消防设施、通风排烟设备和人员安全疏散设施更加复杂，结构本身的抗震和荷载能力也大大加强，在外墙面的装修上档次也较高

知识4：住宅按照住宅的完工程度可分为哪几种

按照住宅的完工程度来划分，主要有以下8种，具体见表1-8。

表1-8 按照住宅的完工程度所划分的住宅类型

序号	类型	定义
1	期房	即在建的、尚未完成建设的、不能交付使用的房屋，开发商从取得商品房预售许可证开始到取得房地产权证（大产证）止，在这一期间的商品房称为期房
2	现房	即消费者在购买时具备即买即可入住的商品房，只有拥有房产证和土地使用证才能称之为现房
3	准现房	即房屋主体已基本封顶完工，小区内的楼宇及设施的大致轮廓已初现，房型、楼间距等重要因素已经一目了然，工程正处在内外墙装修和进行配套施工阶段的房屋
4	毛坯房	即未经过处理或只经过部分装修处理的房屋，这些房屋大部分不能保证基本入住，要入住这样的房屋，一般要对其进行较大的改造、装修
5	尾房	即项目销售八九成以后剩余或长时间没有销售出去的房屋，又称之为"尾楼"
6	二手房	即已经在房地产交易中心备过案、完成初始登记和总登记的、再次上市进行交易的房产
7	简装房	即内部做过简单装修的房子，如客厅、卧室的地面、墙面、顶面不做面层；厨房、卫生间的地面、墙面、顶面做了面层；有内门；卫生间内有中档卫生间设备；厨房内有料理台、水龙头、洗涤盆；有简单灯具；不封阳台
8	精装房	即对房子的建筑部分进行过精装修的房子，如对木制的储藏橱、柜，和厨、厕的墙、地面等作了精心处理装饰，顶面进行了吊顶，设置了灯池等

知识5：土地的基本术语有哪些

作为一名置业顾问，应知晓土地的基本术语，其具体内容见表1-9。

表1-9 土地的基本术语

序号	基本术语	定义
1	土地所有权	即国家或农民集体依法对归其所有的土地所享有的具有支配性和绝对性的权利
2	土地使用权	即国家机关、企事业单位、农民集体和公民个人，以及三资企业，凡具备法定条件者，依照法定程序或依约定对国有土地或农民集体土地所享有的占有、利用、收益和有限处分的权利，一般包括农用地、建设用地、未利用地的使用权
3	土地开发	即对未利用土地的开发利用，要实现耕地总量动态平衡，未利用土地开发是补充耕地的一种有效途径
4	生地	即不具备城市基础设施的土地
5	毛地	即城市基础设施不完善，地上有房屋拆迁的土地
6	熟地	即具备完善的城市基础设施，土地平整能直接进行建设的土地
7	土地使用年限	住宅的土地使用年限为70年，自取得该地的土地使用权之时算起；房改房的产权土地使用年限起算时间以该地块地上房屋参加房改之后第一个缴纳土地出让金的房屋为准；经济适用房的使用年限为50年

知识6：住宅的建筑形式有几种

一般来说，住宅的建筑形式主要有以下3种，具体见表1-10。

表1-10 住宅建筑形式的种类

序号	种类	定义
1	单元式住宅	即以一个楼梯为几户服务的单元组合体，一般为多、高层住宅所采用
2	公寓式住宅	即每一层内有若干单户独用的套房，包括卧房、起居室、客厅、浴室、厕所、厨房、阳台等
3	花园式住宅	即带有花园草坪和车库的独院式平房或二、三层小楼，住宅内水、电、暖供给一应俱全，户外道路、通信、购物、绿化都有较高的标准

知识7：从采用的结构墙体材料上分住宅的建筑结构可分为哪几种

从采用的结构墙体材料上分，主要有以下2种类型。

1. 砌体结构

即我国广泛采用的多层住宅建筑的剪力墙结构形式。一般采用钢筋混凝土预制楼板、屋面板作为楼、屋面结构层,竖向承重构件采用砖砌体,如砖混结构、砌块结构等。

2. 现浇钢筋混凝土结构和轻钢结构等

即由梁、板、柱所组成,框架结构的楼板大多采用现浇钢筋混凝土板,框架间的填充墙多采用轻质砌体墙。

知识8：从受力传递系统上分住宅的建筑结构可分为哪几种

从受力传递系统上分,主要有以下2种类型。

1. 剪力墙结构

即现浇钢筋混凝土墙,主要承受水平地震荷载。

2. 框架结构

即由梁和柱以刚接,或铰接相连接而构成承重体系的结构,由梁和柱组成框架共同抵抗使用过程中出现的水平荷载、竖向荷载。

知识9：成套单元住宅的户型结构有哪几种

成套单元住宅的户型结构主要有以下4种,具体见表1-11。

表1-11 成套单元住宅的户型结构

序号	户型结构	诠释	备注
1	厅	应位于住宅的中心位置,靠近门户,同时与其他房间密切相关,厅的大小要与整套房间的格局相协调	一般80平方米的户型,厅的面积以18～20平方米为佳
2	卧室	"前厅后卧"是一种较为典型的户型结构	主卧室面积大小要合适,一般以18平方米左右为宜
3	厨房	应通风采光良好,应有窗或开向走廊的窗户,并宜配置服务阳台	为避免渗水发生,尽可能做到管道下穿楼板,面积以5～8平方米为宜
4	卫生间	应有便溺、洗浴、洗衣三个功能,并适当分离与组合	其大小应与整套户型的面积相适应,一般以4平方米以上为宜

知识10：特殊的户型结构有哪几种

特殊的户型结构主要有以下5种，具体见表1-12。

表1-12 特殊的户型结构

序号	户型结构	诠释
1	"蜗居式"小户型	这种小户型住宅，虽比标准户型的面积要小1/3左右，但比较精巧，布局较为合理
2	"大开间、空壳型"户型	一般建筑面积为80平方米左右，每户有一个无隔墙的大空间，与阳台、厨房、卫生间连接处也只有过梁而没有隔墙门窗
3	"毛坯型"住宅	即完成土建、水电等基本工程：地面为粗糙的混凝土面；房顶仅抹灰层；预留卫生间、浴缸、水、气管道；每套住宅只设防盗功能的分户门，所有其他隔离门一概自装
4	跃层式住宅	即一套单套住宅内占据两层空间，上下两层在室内有楼梯相连，一般下层为客厅、厨房、卫生间，上层为卧室、书房、卫生间，也可设有起居室
5	复式住宅	即根据人体工学原理并考虑到住户生活活动频度的差异，对室内空间进行科学的平面和层次的分割

知识11：住宅建筑的技术经济指标有哪些

1. 建筑密度

建筑密度即建筑物的覆盖率，具体指项目用地范围内所有建筑的基底总面积与规划建设用地面积之比（%），它可以反映出一定用地范围内的空地率和建筑密集程度，其计算公式如下：

建筑密度=建筑首层面积÷规划用地面积

2. 建筑容积率

建筑容积率即建筑总楼板面积与建筑基地面积的比值，其计算公式如下：

容积率=总建筑面积÷总用地面积（与占地面积不同）

3. 绿地率

绿地率即居住区用地范围内各类绿地的总和与居住区用地的比率（%），其计算公式如下：

城市绿地率＝城市各类绿地总面积÷城市总面积×100%

4. 得房率

得房率即套内建筑面积与套（单元）建筑面积之比，其计算公式如下：

套内建筑面积＝套内使用面积＋套内墙体面积＋阳台建筑面积

套（单元）建筑面积＝套内建筑面积＋分摊的公用建筑面积

5. 实用率

实用率是套内建筑面积和住宅面积之比，大于使用率，其计算公式如下：

实用率＝套内建筑面积÷（套内建筑面积＋分摊的共有共用建筑面积）

知识12：常见的房地产建筑类面积术语有哪些

一般来说，常见的房地产建筑类面积术语主要有以下10种，具体见表1-13。

表1-13　常见的房地产建筑类面积术语

序号	面积术语	诠释
1	建筑面积	即建筑物外墙外围所围成空间的水平面积，包含了房屋居住的可用面积、墙体柱体占地面积、楼梯走道面积、其他公摊面积等
2	使用面积	即住宅各层平面中直接供住户生活使用的净面积之和，计算住宅租金，都是按使用面积计算
3	公用面积	即住宅楼内为住户出入方便、正常交往、保障生活所设置的公共走廊、楼梯、电梯间、水箱间等所占面积的总和
4	计租面积	作为计算房租的面积，住宅用房按使用面积计算，包括起居室、客厅、卫生间、厨房、过道、楼梯、阳台（闭合式按一半计算）、壁橱等，非住宅用房按建筑面积计算
5	分摊的共有、共用建筑面积	即各产权主共同分摊和共同所有并共同使用的建筑面积，包括电梯井、管道井、楼梯间、垃圾道、变电室、设备间、公用门厅、过道、地下室、值班警卫室等，以及为整幢服务的公共用房和管理用房的建筑面积，以水平投影面积计算
6	套内墙体面积	即套内使用空间周围的维护或承重墙体或其他承重支撑体所占的面积，其中各套之间的分隔墙和套与公共建筑空间的分隔以及外墙（包括山墙）等共有墙，均按水平投影面积的一半计入套内墙体面积
7	套内阳台建筑面积	均按阳台外围与房屋外墙之间的水平投影面积计算，其中封闭的阳台，按水平投影全部计算建筑面积，未封闭的阳台，则按水平投影的一半计算建筑面积

续表

序号	面积术语	诠释
8	公摊面积	商品房分摊的公用建筑面积主要由两部分组成： （1）电梯井、楼梯间、垃圾道、变电室、设备室、公共门厅和过道等功能上为整楼建筑服务的公共用房和管理用房的建筑面积 （2）各单元与楼宇公共建筑空间之间的分隔以及外墙（包括山墙）墙体水平投影面积的50%
9	辅助面积	即住宅建筑各层中不直接供住户生活的室内净面积，包括过道、厨房、卫生间、厕所、起居室、储藏室等
10	销售面积	即商品房按"套"或"单元"出售，其销售面积为购房者所购买的套内，或单元内建筑面积与应分摊的共有建筑面积之和

知识13：住宅的三维空间是什么

1. 住宅的进深

住宅的进深即一间独立的房室或一幢居住建筑，从前墙皮到后墙皮之间的实际长度。现在我国大部分城镇住宅的进深一般都限定在5米左右，不能随意扩大。

2. 住宅的层高

层高通常指下层地板面或楼板面到相邻上层楼板上表面（或下表面）之间的竖向尺寸。一般来说，住宅层高设计在2.8米左右。

 特别提示 ▶▶▶

住宅的高度计量除了用"米"，还可以用"层"来计算，而每一层的高度在设计上有一定要求，称为层高。层高减去楼板的厚度的差，叫做净高。

3. 住宅的开间

住宅的开间即在住宅设计中，住宅的宽度是指一间房屋内一面墙皮到另一面墙皮之间的实际距离，因为是就一自然间和宽度而言，所以又称之为开间。一般来说，住宅开间为3.0～3.9米。

知识14：常见的规划知识有哪些

一般来说，作为一名置业顾问，应知晓以下基本规划术语，具体见表1-14。

表1-14 基本规划术语

序号	基本术语	注释
1	居住区	即人们日常生活、居住、游览休息,具有一定的人口和用地规模,并集中布置居住建筑、公共建筑、绿地道路以及其他各种工程设施,为城市街道或自然界限所包围的相对独立地区
2	居住小区	即以住宅楼房为主体并配有商业网点、文化教育、娱乐、绿化、公用和公共设施等而形成的居民生活区
3	住宅用地	即住宅建筑基底占地及其四周合理间距内的用地(含宅间绿地和宅间小路等)的总称
4	配套公建用地	即公共设施、绿地、道路及公共建设用地(配电室、保安亭一类的),一般来说这类是为住宅预留的配套公用空间
5	配建设施	与住宅规模或与人口规模相对应配套建设的公共服务设施、道路和公共绿地的总称
6	公共绿地	即供游览休息的各种公园、动物园、植物园、陵园以及花园、游园和供游览休息用的林荫道绿地、广场绿地,不包括一般栽植的行道树及林荫道的面积

知识15:什么是商品房预售

商品房预售即房地产开发企业与购房者约定,由购房者交付定金或预付款,而在未来一定日期拥有现房的房产交易行为,其实质是房屋期货买卖,买卖的只是房屋的一张期货合约。

知识16:商品房预售的条件有哪些

根据《中华人民共和国城市房地产管理法》第45条规定,商品房预售应符合以下条件。

(1)已交付全部土地使用权出让金,取得土地使用权证书。

(2)持有建设工程规划许可证。

(3)按提供预售的商品房计算,投入开发建设的资金应达到工程建设总投资的25%以上,并已经确定施工进度和竣工交付日期。

(4)向县级以上人民政府房产管理部门办理预售登记,取得商品房预售许可证明。

商品房预售人应当按照国家有关规定将预售合同报县级以上人民政府房产管理部门和土地管理部门登记备案。

商品房预售所得款项,必须用于有关的工程建设。

知识17：如何申请和办理《商品房预售许可证》

开发企业进行商品房预售前，应向房地产管理部门申请预售许可证，取得《商品房预售许可证》，才可以进行商品房预售。在申请《商品房预售许可证》时，需带齐以下资料。

（1）企业法人营业执照（副本）。
（2）房地产开发企业资质证书（副本）。
（3）国有土地使用权证。
（4）建设用地规划许可证。
（5）建筑施工许可证。
（6）建设工程规划许可证。
（7）计委立项批文。
（8）《市行政服务中心建设项目一站式审批办证收费核查表》、《市行政服务中心建设项目一站式收费审核把关表》。
（9）总平面图。
（10）预售方案：商品房的位置、结构、朝向、装修标准、竣工交付日期、预售面积、预售套数、预售均价、预售对象、预售方式、委托代理机构证书、委托合同。
（11）施工合同。
（12）房地产开发项目手册。
（13）白蚁预防证。
（14）前期物业管理用房备案通知书。
（15）商品房投资强度咨询报告。

知识18：什么是预售商品房的转让

预售商品房的转让即房地产权利人通过买卖、赠与或者其他合法方式将其房地产转移给他人的行为。允许预售商品房进行转让是有前提条件的，其具体内容如下。

（1）开发商与买受人所签订的商品房买卖合同在有效期内。
（2）商品房预售合同已生效，并办理了预售登记或交易手续，交清了相关的税费。
（3）预售房屋还没有实际交付之前。
（4）转让行为符合当地有关法规、政策，没有违法行为。

知识19：什么是商品房现售

商品房现售即房地产开发企业将竣工验收合格的商品房，出售给买受人，并由买受人支付房价款的行为。

知识20：商品房现售的条件是什么

国家对商品房现售的条件做了具体的规定，其具体内容如下。

（1）商品房销售单位必须是具有独立企业法人资格、取得房地产开发主管部门核发的资质证书的房地产开发企业。

特别提示 ▶▶▶

项目公司销售商品房的，必须经房地产开发主管部门核准；委托中介机构销售商品房的，受托中介机构必须取得相应的资格。

（2）已经合法取得土地使用权，并依法缴纳全部土地出让金，取得土地使用权证书。

（3）商品房工程竣工。

（4）经建设工程质量部门监督验收合格，取得验收合格证书。

（5）属于住宅商品房的，须经住宅建设管理部门审核，取得《住宅交付使用许可证》。

（6）测绘机构对房屋和土地进行过使用权面积测定。

（7）出售房产已到房地产登记部门办理新建商品房初始登记，取得《房地产权证》（也称"大产权证"）。

知识21："五证两书"指的是什么

（1）《建筑用地规划许可证》。建设单位向土地管理部门申请征用划拨土地前，经城市规划行政主管部门确认，该项目位置范围符合城市规划的法律凭证。

（2）《建设工程规划许可证》。有关建设工程符合城市规划需求的法律凭证。

（3）《国有土地使用证》。由土地使用者申请，经城市各级人民政府颁布的国有土地使用权的法律凭证。

（4）《建设工程施工许可证》。建设单位进行工程施工的法律凭证，也是房屋权属登记的主要依据之一。

(5)《商品房销售（预售）许可证》。市、县人民政府房地产管理部门允许房地产开发企业，销售商品房的批准性文件。

(6) 房地产"两书"。《商品房质量保证书》、《商品房使用说明书》。

知识22：常用的交易术语有哪些

1. 查档

就该物业向国土部门查询相关产权状况。每查档一次国土部门都将收取一次查档费。

2. 首期款

楼款中银行承诺向买方发放按揭贷款金额以外的部分（买方选择按揭付款）。

3. 一手证

卖方名下该物业的《房地产证》（红本）。

4. 赎楼

付清卖方该物业的抵押贷款本息并注销抵押登记，将一手证赎出。一手证赎出且抵押登记被注销，视为赎楼完成。

5. 递件

买卖双方提供资料给交易市场审核，领取回执，凭回执完税领取房产证的过程。

6. 新房产证

递件后国土部门发放的买方的《房地产证》（红本）。

7. 履约保证金

经纪方在监管的交易款中留存的一笔款项。履约保证金优先用于代卖方支付本次交易的佣金，并保证卖方全面正确履行交付物业的义务；其次用于代卖方支付税费及本次交易相关的其他费用。

8. 个人所得税

根据国家个人所得税法的规定，个人交易房屋财产所得，应按20%的税率缴纳个人所得税。

9. 佣金

在二手房市场中，有一个佣金问题，佣金要与其服务相称。过低的佣金无法维持优质的服务，而过高的佣金则与降低交易成本的目的相违背。所以，选择一家确实可靠的中介公司，这不仅可以起到穿针引线的作用，而且亦可免去买卖双方亲自办理相关手续的繁琐事宜。更重要的是，由中介公司进行规范化的操作，可以降低买方与卖方单独直接交易所产生的风险，从而提高二手房的成交率。

10. 契税

为鼓励个人改善住房条件，促进普通住房交易市场的发展，国家规定对个人购买自用普通住宅，暂减半征收契税。

11. 居间中保

二手房中介市场为保证买卖双方合法权益、保证房屋交易正常进行的中间担保业务。具体步骤是：按双方买卖合同的规定，将买方的资金如数如期划给卖方，将卖方的房屋产权手续和腾退的房屋如期移交给买方，使双方各得其所，避免互不信任甚至诉诸法律的情况发生。

12. 房改房

城镇职工根据国家和县级以上地方人民政府有关城镇住房制度改革政策规定，按照成本价或者标准价购买的已建公有住房。按照成本价购买的，房屋所有权归职工个人所有；按照标准价购买的，职工拥有部分房屋所有权，一般在5年后归职工个人所有。

13. 房屋的所有权

对房屋全面支配的权利。《中华人民共和国民法通则》规定，房屋的所有权分为占有权、使用权、收益权和处分权四项权能，这也是房屋所有权的四项基本内容。

14. 营业税

国家营业税暂行条例规定，单位和个人销售不动产，按成交价格征收5%的营业税。不足5年的非普通住房转让，全额征收营业税；超过5年（含5年）的非普通住房或不足5年的普通住房转让，按其销售收入减去购买房屋的价款后的差额征营业税；超过5年（含5年）的普通住房对外销售的，免征营业税。

15. 独家代理

在二手房市场中，代理方接到业主的委托后，会根据整个市场的行情，对该物业定出一个合理的价格，并在业主的认同下，对该物业进行各种推广手段。为了提高成交速度，与自己信得过的房产中介公司签订独家代理协议能避免混乱。有了独家代理协议，代理方会全心全意为业主推广，不用担心付出没有回报，托管钥匙也能增加客户看房的频率，有助于成交。

16. 土地增值税

土地增值税也有一些优惠政策。如因国家建设需要依法征用、收回的房地产，以及对居民个人拥有的普通标准住宅等，在其转让时免征或暂免征收土地增值税。

知识23：常用的建筑类术语有哪些

1. 二手房
新建的商品房进行第一次交易时为"一手"，第二次交易则为"二手"。已购公房和经济适用房上市的政策，成就了二手房市场。一些无房的人，可以买一套别人多余的房，而另一些手里有些积蓄又有小房子居住的，可以卖掉旧房买新房，而那些住房富余户，也能卖掉自己的多余住房换取收益。

2. 房屋结构形式
主要是以其承重结构所用的材料来划分，一般可以分为砖混结构、砖木结构、钢筋混凝土结构。

3. 房屋建筑面积
是指按房屋建筑外墙外围线测定的各层平面面积之和（即房屋的建筑面积是指建筑物外墙外围所围成空间的水平面积），它是表示一个建筑物建筑规模大小的经济指标。建筑面积包含了房屋居住的可用面积、墙体柱体占地面积、楼梯走道面积、其他公摊面积等。

4. 商品房销售面积
商品房销售面积是指购房者所购买的套内或单元内的建筑面积（套内建筑面积）与应分摊公用建筑面积之和，即：商品房销售面积=套内建筑面积+分摊的公用建筑面积。

5. 使用率
房屋套内净面积（即使用面积）和房屋建筑面积的比为使用率，一般高层塔楼在72%～75%之间，板楼在78%～80%之间。

6. 建筑容积率
是指项目规划建设用地范围内全部建筑面积与规划建设用地面积[项目用地红线范围内的土地面积，一般包括建设区内的道路面积、绿地面积、建筑物（构筑物）所占面积，和运动场地等]之比，附属建筑物也计算在内，但已注明不计算面积的附属建筑物除外。

7. 绿地率

居住区用地范围内各类绿地的总和占居住区用地的比率。绿地应包括公共绿地、宅旁绿地、公共服务设施所属绿地和道路绿地，即道路红线内的绿地，又包括居住区公园、小游园、组团绿地及其他的一些块状、带状化公共绿地，不应包括屋顶、晒台的人工绿地。

8. 居住面积

房屋的居住面积是指房屋建筑各层平面中直接供住户生活使用的居室净面积之和。所谓净面积就是要除去墙、柱等建筑构件所占有的水平面（即结构面积）。

9. 使用面积

房屋的使用面积，指房屋各层平面中为生活起居所使用的净面积之和。计算房屋使用面积，在过去主要用来计算和征收公共房屋房租。采用使用面积的计算，可以全面地反映房屋所有权人与房屋使用权人的租赁关系；计算房屋使用面积，可以比较直观地反应房屋的使用状况，但在房屋买卖中一般不采用使用面积来计算价格。

10. 建筑面积

房屋的建筑面积是指建筑物外墙外围所围成空间的水平面积，如果计算多、高层房屋楼的建筑面积，则是各层建筑面积之和。

11. 房屋的开间

在房屋设计中，房屋的开间（即宽度）是指一间房屋内一面墙皮到另一面墙皮之间的实际距离。房屋开间一般为3.0～3.9米，砖混结构房屋开间一般不超过3.3米。规定较小的开间尺度，可缩短楼板的空间跨度，增强房屋结构整体性、稳定性和抗震性。

12. 房屋的进深

在建筑学上是指一间独立的房屋或一幢居住建筑从前墙皮到后墙皮之间的实际长度。进深大的房屋可以有效地节约用地，但为了保证建成的房屋具有良好的自然采光和通风条件，房屋的进深在设计上有一定的要求，不宜过大。目前我国大量城镇房屋房间的进深一般要限定在5米左右，不能任意扩大。在房屋的高度（层高）和宽度（开间）确定的前提下，设计的房屋进深过大，就使住房成狭长形，距离门窗较远的室内自然光线不足。

13. 层高

房屋的层高是指下层地板面或楼板面到上层楼层面之间的距离，也就是一层房屋的高度。

14. 净高

房屋的净高是指下层地板面或楼板上表面到上层楼板下表面之间的距离。净高和层高的关系可以用公式来表示：净高=层高−楼板厚度，即层高和楼板厚度的差叫"净高"。

15. 花园式房屋

花园式房屋也叫西式洋房或小洋楼，即花园别墅，一般都是带有花园草坪和车库的独院式平房或二、三层小楼，建筑密度很低，内部居住功能完备，装修豪华，并富有变化，房屋水、电、暖供给一应俱全，户外道路、通讯、购物、绿化也都有较高的标准，一般为高收入者购买。

16. 跃层

通常情况，跃层房屋是一套房屋占两个楼层，有内部楼梯联系上下层，一般在首层安排起居室、厨房、卫生间，最好有一间卧室，二层安排卧室、书房、卫生间等。

17. 复式

复式房屋在概念上是一层，但层高较普通的房屋（通常是2.7米）高，可在局部掏出夹层，安排卧室或书房等内容，用楼梯联系上下，其目的是在有限的空间里增加使用面积，提高房屋的空间利用率。这种做法是为适应其用地、空间极其缺乏的情况而产生的。

18. 错层

错层一般是一户内楼面高度不一致，错开之处有楼梯联系，和跃层一样能够动静分区，但因为没有完全分为两层，所以又有复式房屋丰富的空间感。但错层式房屋不利于结构抗震，而且显得空间零散，容易使小户型显得局促，更适合于层数少、面积大的高档房屋。

课后小结

怎样？通过本节课的学习，一定有收获吧？现在请写出你的小小学习心得：

_____

_____

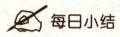 每日小结

今日进步：

1. _____
2. _____
3. _____
4. _____

今日反省：

1. _____
2. _____
3. _____
4. _____

心态训练	➡ 做到打√ 未做到打× 写出改进承诺： _____ _____ _____ _____	☐ 积极 ☐ 认真 ☐ 负责 ☐ 优先顺利 ☐ 马上做 ☐ 日清日新	☐ 勤奋 ☐ 坚持 ☐ 创新 ☐ 好学 ☐ 谦逊 ☐ 分享	☐ 诚信 ☐ 宽容 ☐ 微笑 ☐ 热忱 ☐ 整洁 ☐ 适度

02 第二日
技能培训

第一课 踩盘

第二课 开发房源

第三课 开发客源

第四课 客户接待

第五课 带客看房

第六课 与业主、客户谈价

第七课 测算购房费用

第八课 相关手续办理

第九课 签署合同

第二日　技能培训

星期：＿＿＿＿＿＿　　　日期：＿＿＿＿＿＿　　　天气：＿＿＿＿＿＿

―― 每日诵读 ――

1. 日清日新！
2. 我是负责任的！
3. 我每天都有新的进步！
4. 决不，决不放弃！
5. 我的成功来自于马上行动！

―― 每日目标 ――

1. ＿＿＿＿＿＿＿＿＿＿＿＿＿＿＿＿＿＿＿＿＿＿＿＿＿
2. ＿＿＿＿＿＿＿＿＿＿＿＿＿＿＿＿＿＿＿＿＿＿＿＿＿
3. ＿＿＿＿＿＿＿＿＿＿＿＿＿＿＿＿＿＿＿＿＿＿＿＿＿
4. ＿＿＿＿＿＿＿＿＿＿＿＿＿＿＿＿＿＿＿＿＿＿＿＿＿
5. ＿＿＿＿＿＿＿＿＿＿＿＿＿＿＿＿＿＿＿＿＿＿＿＿＿

序号	时间	今日优先事项	期限

小Q有点烦：该掌握哪些技能

小A给小Q介绍了许多作为置业顾问需要了解的知识。不过，许多专业的操作技能，小Q还是没法儿掌握。不过，小A的担心都是多余的，刚入职的第二天，部门就组织了入职技能培训。在主管老Q的带领下，小Q开始学习实践操作技能。

老Q："很高兴你加入我们的团队，成为我们的一员。今天，将由我带你熟悉基本的操作环节。"

小Q："谢谢主管的照顾，我一定会好好学习的。昨天我还专门向我一位同学请教了如何做好一名置业顾问。"

老Q："很好，冲你这股爱学习的劲儿，相信一定会成为一名优秀的置业顾问。现在还没有客户，我就教你怎样接待客户，怎样给客户一个好的第一印象吧！"

小Q："……"

老Q："……"

到了11点半，有一位客户来到了公司。

老Q："好，这位客户是一位意向客户，准备买一套二手房，今天由我负责陪同他去看房，现在你就跟我一起去吧。如果客户问你，你就说是我的助理。"

小Q："可是，这其中的诀窍会不会很多，我怕我一时学不会。"

老Q："别担心，你只要跟着我，看看主要的关键环节，具体的注意事项我会再找时间教你的。"

小Q："……"

第一课 踩盘

课前导引

所谓踩盘就是到实地去看楼盘,了解楼盘各方面的信息。也就是说置业顾问到其他开发商开发的项目里去了解情况,进行实地调查,为自己所在的公司提供参考意见的市场活动。

知识1:什么是踩盘

一般来说,踩盘分为明踩和暗踩。通常采取暗踩的方式进行房地产市场调查,即隐瞒自己的真实身份和目的,以了解楼盘项目的价格、管理、销售等各项情况,如楼盘的大小、朝向、内部装修、物业管理、绿化、公共设施用地等。

踩盘是房地产市场调研的重要组成部分。踩盘是收集一手信息的重要途径,而一手信息往往比二手信息更真实可靠、具有说服力,但调查的难度也较大,尤其是对客户需求的调查。

知识2:踩盘需要哪些工具

置业顾问在去踩盘前,应准备好以下工具,具体见表2-1。

表2-1 踩盘所需的工具

序号	工具	用途	备注
1	指南针	用来确定楼盘的朝向	朝向影响到楼盘的通风采光、景观,所以对楼盘的价格影响较大
2	相机	用来拍照,获取实地图片资料	一般要拍物业管理公司、楼栋号、公用设施、绿地、楼栋的信箱、楼盘附近的公交路线、楼盘周边重要的设施,如学校、商业街、医院等,因为这些都是很重要的信息,一般会对楼盘的价格产生较大的影响

续表

序号	工具	用途	备注
3	铅笔、橡皮擦、白纸	用来记录楼盘的相关信息	包括道路、四至、楼盘层数、户型、楼栋号、重要的较大面积的绿地等
4	手机	用来联系	遇到自己不能处理的问题时，一般要及时获取别人的协助

知识3：如何收集踩盘的信息

一般来说，踩盘的信息收集主要使用以下方法，具体见表2-2。

表2-2 踩盘的信息收集方法

序号	要点	具体方法	备注
1	对各种环境的感性认识	你可以到项目周边走一走，看一看，体会一下氛围。同一个区域，各个阶层、年龄、文化的人对楼市的看法都不一样，所以应关注一些关系到生活方面的东西	踩盘的关键是要感受到一些数据不能表达的东西，如经济、文化、真实交通、目前配套、居住氛围等
2	对营销方面的感受	你可以通过观察和交谈来了解，必要时应仔细拍几张照片	对于在售楼盘来说，有关它的营销方面的信息也是很重要的，如销售人员的素质、销售案场的包装、样板间的设置等
3	对产品细节的关注	你可以想办法到小区内部去，对这些相关产品进行观察和感受，并将之与其他相同区域的楼盘做比较，必要时应拍照	包括工程进度、建筑及园林风格、商业部分、内部配套等
4	客户需求调查	踩盘中的客户调查基本上都是通过在现场观察，和来访客户交谈来了解	客户调查在市场调查中是难度最大的一项工作内容
5	细致价格情况调查	（1）楼层差价：可通过询问相邻楼层同一方向的两套房子，再相减，基本上就可以认为是楼层的差价概数了 （2）景观差价：同上，就是把同一楼层不同方向的几套价格都问一遍 （3）价格走势：盯准相同楼层的相似单元销售价格，不同时期价格相减一般就是价格涨幅了	要了解一些细致的价格情况不是很容易，如楼层差价、景观差价、价格走势
6	空置率调查	可以查看小区贴出来的水电缴费表，凡是没有电费的都是空置	实在没有办法的话，可以一家一家观察，通过看其装修情况和有无生活痕迹（如有无空调和晾晒衣服等）来判断，然后大概估算入住比例
7	真实销售情况调查	最好是把销控表拍下来，这就看你的拍照设备是不是很隐蔽了	这一部分工作内容难度系数比较大

知识4：踩盘的角色扮演法有哪几种

一般来说，置业顾问在进行现场踩盘时，可以采用角色扮演的方法。角色扮演主要分为以下3种类型,具体见表2-3。

表2-3 角色扮演的类型和方法

序号	类型	实操方法	备注
1	同业调查,直入调查	(1)"同行,向你们学习。如果方便的话,请做讲解" (2)"做市场调研,不想打扰你们接待客户,大家互相帮助。如果不方便,请给我资料,我可以自己看看项目"	直入的同业调查最难,必须在面对专业素质极高的项目人员时采用
2	同业调查,半真半假	(1)"我觉得不合适,不过你真的很专业,是我见到的为数不多的专业感很强的销售人员" (2)"朋友认为我很专业,请我帮他看看" (3)"是同行,但真的是来买房的"	较易得到内部真实消息
3	扮演假客户	(1)大面积、尽量多地把自己的信息留给销售人员,这样便于随时接到对方的新信息 (2)去现场时,要做到事出有因,从而使你的行为具有真实性,如"我以前就对你们的项目感兴趣" (3)为踩盘设定自己的身份,如"我是区域客户"、"赚钱不多,但买得起你们的房子或有闲钱做投资" (4)同事同去假扮夫妻;带公司阿姨去,假扮家长 (5)几个朋友一起买房,多人轮流调查 (6)公司团购,按级别搭配各种户型	最为容易收集全面信息

知识5:现场踩盘的流程是什么

置业顾问在进行现场踩盘时,可按照如图2-1所示的流程进行。

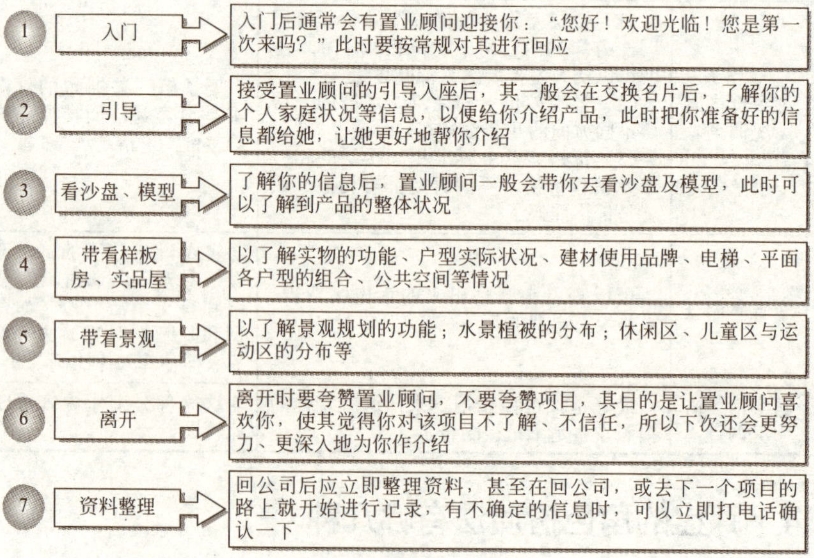

① 入门 ▶ 入门后通常会有置业顾问迎接你:"您好!欢迎光临!您是第一次来吗?"此时要按常规对其进行回应

② 引导 ▶ 接受置业顾问的引导入座后,其一般会在交换名片后,了解你的个人家庭状况等信息,以便给你介绍产品,此时把你准备好的信息都给她,让她更好地帮你介绍

③ 看沙盘、模型 ▶ 了解你的信息后,置业顾问一般会带你去看沙盘及模型,此时可以了解到产品的整体状况

④ 带看样板房、实品屋 ▶ 以了解实物的功能、户型实际状况、建材使用品牌、电梯、平面各户型的组合、公共空间等情况

⑤ 带看景观 ▶ 以了解景观规划的功能;水景植被的分布;休闲区、儿童区与运动区的分布等

⑥ 离开 ▶ 离开时要夸赞置业顾问,不要夸赞项目,其目的是让置业顾问喜欢你,使其觉得你对该项目不了解、不信任,所以下次还会更努力、更深入地为你作介绍

⑦ 资料整理 ▶ 回公司后应立即整理资料,甚至在回公司,或去下一个项目的路上就开始进行记录,有不确定的信息时,可以立即打电话确认一下

图2-1 踩盘的流程图

知识6：踩盘需要注意哪些事项

一般来说，置业顾问在踩盘时，应注意以下事项。

（1）对准备去踩盘的楼盘应有大体的了解。如楼盘的地址、大小、去到那里的交通等。

（2）要注意楼盘的物业管理人员。一般管理严格的楼盘，是不允许外人随便进入的，此时你要自然地走进去，不要和物管人员的目光进行对接，使其误以为你是业主。

（3）一些重要的信息一定要记录下来。

知识7：复盘有何作用

"复盘"，业内术语，即以电话的形式，对已记录在案的盘源进行现状的查询。大概一个月要有600多个复盘量，置业顾问应对每个电话都有操作记录。

一般来说，通过复盘，可以了解以下情况。

（1）放租、边租边卖，卖不到某个价钱便继续放租。

（2）只租不卖，认为楼价低，暂时不卖，等楼价上升再卖。

（3）只卖不租，但价钱不肯降，部分很生硬，接受不了价钱就别来看房。

（4）放售，价钱有商量，部分肯主动降价。

（5）不租不卖，全部是之前的自住改善型。

（6）其他。已卖已租、关机、无法接通、空号等情况。

课后小结

怎样？通过本节课的学习，一定有收获吧？现在请写出你的小小学习心得：

第二课 开发房源

课前导引

即房屋租赁或销售的资源,主要集中于房屋销售中介机构、旅馆,或房地产开发机构。对于置业顾问来说,寻找房源是其真正开展工作的第一步,可以说这是交易成功的关键。

知识1:开发房源有哪些方法

一般来说,置业顾问在开发房源时,可以参考以下方法,具体见表2-4。

表2-4 开发房源的方法

序号	方法	备注
1	扫网	目前互联网已成为人们传播、获取各类资讯的重要渠道,网络上的房源不但数量多,而且更新速度快
2	扫报	由于报纸信息传播迅速、传播面广,报纸广告已经成为房地产中介公司最常用的宣传方式
3	扫街	有空时,到处转转,不但能够熟悉地形、了解市场,还经常会有些意外的收获,尤其是当你看到有人门上贴着出租、出售房产的信息时,则要千方百计地与对方取得联系,以获取房源
4	做广告	(1)可以在报刊上、网络上发布信息 (2)可以在某些街边、路口发布路牌广告 (3)可以在大厦和住宅小区入口等的宣传栏上张贴宣传海报 (4)可以选择一些目标客户,通过寄发、当面派发宣传单,引起客户的关注,从而获取房源信息
5	电话访问	(1)在获知目标客户的电话号码后,可以对其进行电话访问以咨询其物业资料,是一种可以立即见效的开拓房源的方法 (2)可以通过物业、电工、自来水公司、供电局等渠道,获取某个区域业主的电话号码,然后通过电话访问以取得房源信息
6	直接接触	与目标客户直接接触,以获取相关的房源资料,是目前较为常用的一种开拓房源的方法

续表

序号	方法	备注
7	人际关系	应充分利用自己的人际交往圈,来收集房源信息
8	有奖征集	即对一些能够提供有效信息的个人,给予信息费,以此获得房源信息
9	开后门"收买"物管	可以想办法从各个小区的物业管理处挖到一些房源信息

知识2:如何获得独家房源委托

1. 营销展示

营销展示是成功获得独家房源委托的关键方法。作为一名置业顾问,应熟练掌握独家委托营销工具,通过使用简单而专业化的表格,更加容易实现超过顾客愿望的目标。需运用的表格、合同主要有"房地产推广计划书"和"房地产销售独家委托书"。

2. 获得独家房源委托的流程

一般来说,获得独家房源委托可按照以下流程进行,如图2-2所示。

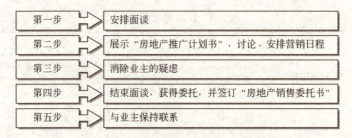

图2-2 获得独家房源委托的流程图

课后小结

怎样?通过本节课的学习,一定有收获吧?现在请写出你的小小学习心得:

第三课　开发客源

课前导引

在地产经纪业务中,客户是置业顾问的衣食父母,是置业顾问得以生存的根基,一个优秀的置业顾问不会放过任何一种寻找潜在房源的手段,一定会熟练运用各种开拓客源的方法。

知识1：获取客源的途径有哪些

置业顾问要想开展业务,开发客户是至关重要的一步。一般来说,获取客源主要有以下6种途径,具体见表2-5。

表2-5　获取客源的途径

序号	途径	诠释
1	客户汇集中心	即置业顾问在从事房地产经纪业务过程中,汇集的交易双方、其他方面客户的信息资源,要充分利用好这些资源,从中利用老客户自身或他们的关系网络,以获取更多的客源
2	互联网	可以利用互联网搜索各种有用信息并加以分析,从中寻找潜在客户,还可以制作企业网站,向人们展示其优势,从而获得更多客户或潜在客户的青睐
3	电子邮件	可以通过电子邮件将企业的相关信息传给潜在客户,也可以利用互联网上的电子留言板专区进行自我宣传
4	房展会	参展商与顾客都可能成为潜在客户,可以利用各种方式去采集信息,以便获取更多的客源
5	个人名片	持有对方的名片,通常会使人产生一种信赖感和亲近感
6	广告	置业顾问要经常接触广告,通过广告宣传招徕客户,从而把潜在的客户变成真正的客户,促进交易的顺利进行

知识2：如何通过查阅资料获取客源

置业顾问可以通过查阅各种资料来寻找潜在客户,一般来说,这些资料主要有以下2类。

（1）企业内部资料。包括各部门的资料。

（2）外部资料。主要包括各种信息资料的名录。

 特别提示 ▶▶▶

对各种公开的名录资源，有一部分可作为准客户，这些名录主要有：工商企业名录、统计资料、产品目录样本介绍、工商管理公告、房地产业务信息书报杂志、专业团体会员名单、企业广告和公告、电话号码簿、年鉴等。

知识3：如何利用连锁介绍法开发客源

连锁介绍法又称为"客户引荐法"，即通过现有客户的引荐，连锁介绍新的客户的方法。连锁介绍法的途径主要有以下4种，具体见表2-6。

表2-6　连锁介绍法的途径

序号	途径	诠释
1	请现在的客户介绍	如果现在的客户对你的服务很满意，则可以让他们帮助推荐新的客户；如果客户不满意，则别忘了请他们代为宣传，并请他们说出不满意的理由，谈谈自己对服务的建议，这样客户有可能因信服你而成为回头客
2	请新客户介绍	热情周到的服务、真诚的态度、时时为客户着想，这些都会赢得新客户的信任，因为他们无心理负担，可能比较乐意接受为你推荐其他新客户的请求
3	请亲朋好友引荐	朋友的朋友、朋友的亲戚、亲戚的亲戚、亲戚的朋友，都有可能成为自己的客户，对于陌生人来说，亲朋好友的引荐更容易促成交易
4	请陌生人介绍	哪怕是完全陌生的人，也有必要让其代为宣传，因为多一分努力，会多一次机会

知识4：怎样利用影响力中心法开发客源

影响力中心法即核心人物带动法。任何一个小集体通常有一个自己的影响力中心，也即核心人物，此人可以影响这个范围内的许多人。

作为一名置业顾问，如果想让核心人物变成自己的客户，则应将之作为攻坚的主要对象。也就是说应通过自己的介绍，使其理解房地产经纪业，了解目前房地产业的市场行情，让其体会到你的专业服务，从而使其从排斥、理解转变到接纳。

 特别提示 ▶▶▶

　　一般来说，此种方法可节省大量的时间、精力，扩大了服务的影响力。

知识5：如何利用广告开拓法开发客源

广告开拓法即通过广告，向公众介绍商品、服务内容等的宣传方法。

一般来说，通过广告来扩大自己的影响力，以寻找更多的准客户，可以参考以下方法。

（1）在报纸杂志、电视广播上刊登。

（2）在互联网上发布。

（3）通过邮寄、散发等。

知识6：如何利用个人观察法开发客源

个人观察法即置业顾问凭借其挖掘客户的习惯和直接观察，迅速做出判断，寻找出潜在的客户。置业顾问一定要注意用眼、用耳、更用心，注意观察周围人群，随时发现自己的准客户。

（1）优点。此种方法有利于置业顾问扩大自己的视野，有利于置业顾问直面现实的市场，有利于提高置业顾问的各种能力。

（2）缺点。因为置业顾问事先对顾客完全不了解，容易陷入空洞的可能性里，因而失败率比较高。

知识7：约见客户前要做好哪些心理准备

1. 遭遇拒绝的心理准备

置业顾问在约见客户前，如果有心理准备的话，心情会比较轻松，态度也会从容不迫，特别在遭遇不通情理的客户时，也能从容应对。

> **特别提示** ▶▶▶
>
> 在约见客户时,被客户婉言拒绝,或被当做出气筒"凶"了一顿,都是很正常的事。不要因为客户的冷遇、拒绝而气馁,而要鼓足勇气、勇于面对。

2.克服恐惧心理

置业顾问必须十分自信,充满热情,不要神情低迷、畏首畏尾,在解答客户疑难时不卑不亢,这样才能让客户信任你,达到预约成功的目的。

> **特别提示** ▶▶▶
>
> 一些大的企业,其工作人员都有较高的修养、素质,即使拒绝你,也会彬彬有礼,不会造成很大的压力。置业顾问要善于感觉客户的情绪,如果其情绪不佳,或忙得不可开交,要主动停止约见。

知识8:约见客户前要准备好哪些客户资料

一般来说,在约见客户时,置业顾问应弄清客户的基本资料,主要包括以下内容,具体见表2-7。

表2-7 客户的基本资料

序号	基本资料	诠释
1	姓名或名称	人们对姓名非常敏感,不要在这上面犯错误,否则可能要付出很大的代价
2	籍贯	攀情交友是各种业务工作的成功经验之一,同乡之情可打开客户的心灵之门
3	经历和学历	对不同学历、不同经历的客户要掌握适当的言辞,找出共同话题,以拉近与客户的距离
4	家庭背景	这是置业顾问必须了解的,只有对客户的家庭背景有所了解,才有可能对症下药、投其所好
5	兴趣爱好	从客户的兴趣爱好入手也是置业顾问博取客户好感的手段之一
6	其他	对客户性格特点、消费习惯等进行了解也是非常必要的

知识9：约见客户主要包括哪些事项

一般来说，置业顾问要约见客户，必须确定合适的约见内容，其约见内容主要包括以下3方面，具体见表2-8。

表2-8 约见客户的内容

序号	内容	诠释
1	约见对象	置业顾问需要辨别真正买主与名义买主，但却不可以轻视名义上的买主，如秘书、助手等
		在确定约见对象时，既要摸准具有真正决策权的主要人物，也要处理好人事关系，与那些名义上的买主保持良好的接触，取得他们的鼎力支持与合作
2	约见时间	在广泛收集客户时，要培养自己的职业敏感性，善于把握最佳约见时机
		在约见客户时，置业顾问要时时站在客户的立场上，帮其设想最佳方案；约见客户时要有耐性，不要急功近利
3	约见地点	客户业务性质不同，约见地点也就不相同，可以是客户家里、办公室、公共场所、社交场合等，不同的约见地点对约见效果的影响也有所不同，约见地点可视具体情况而定

知识10：约见客户的方式有哪些

一般来说，置业顾问在约见客户时，可采取以下5种方式，具体见表2-9。

表2-9 约见客户的方式

序号	方式	诠释	备注
1	面约	即置业顾问利用各种见面的机会向客户约定下次面谈的时间、地点、方式及主要内容等	如在各种社交场合不期而遇时、见面握手时、分手告别时、被第三者介绍熟悉时，置业顾问都可借机相约
2	电话约见	电话约见是最常用的一种约见方式，这种方式迅速、方便，与别的约见方式相比可节省大量时间及往来奔波费用	置业顾问既要做到口齿清楚、话调亲切、表达得体，又要做到长话短说、简单明了，避免太多情报，同时还要掌握电话约见的技巧，以便成功约见
3	函约	即置业顾问利用信函约见客户，如通知、社交柬帖、广告函件等	约见信函应文辞恳切、简明扼要、内容准确、文笔流畅、书写工整，如果是用打印机打出来的信函，其落款还应亲笔签名

续表

序号	方式	诠释	备注
4	广告约见	即利用各种广告媒介约见客户	其特点是信息覆盖范围广、及时快捷，它可以使准顾客主动找上门，并挖掘出大量的潜在客户；在广告刊载期内，短时段内可能会有大量的顾客需要约见，必须事先安排好足够的约见人力，以便及时满足客户的约见请求
5	互联网约见	置业顾问可以采用包括设立专门网站或网址发布相关信息、收发电子邮件等技术方法传达约见信息	利用互联网，置业顾问可以花较少的时间和成本约到更多的客户，但由于网上信息量过于庞杂，其覆盖范围受到很大的限制，不容易被客户发现

知识11：电话约见客户有什么技巧

一般来说，置业顾问在电话约见时，可参考以下方法，具体见表2-10。

表2-10　电话约见客户的技巧

序号	技巧	诠释	备注
1	问题解决法	即以社会普遍存在的或某个企业存在的迫切需要解决的问题为契机，电话联系推荐相应的产品或服务	置业顾问在约见客户时，必须将目标定位在解决客户需要上，要着重说明房地产产品对客户的好处，使其产生浓厚的兴趣
2	信函邮寄法	即预先邮寄房地产楼盘资料，以此为引子让客户在未见到置业顾问时，对产品先行了解，若顾客有意购买，必然会有所表示，然后在电话预约时，以提起邮寄材料为开头，征求意见为理由展开谈话，使顾客对你有一定印象后，不会轻易拒绝你	客户在未见置业顾问之前，对房地产项目已有了概括的了解，如果客户对此很满意或充满浓厚兴趣，则约见成功的可能性大大增加，用此法一定要注意邮寄后要进行"电话跟踪"，加深客户的印象
3	心怀感激法	置业顾问利用与客户的关系，借感谢其大力协助支持之机，向其推荐新的楼盘，并要求约见，客户往往会因置业顾问的这份关心而感动，并乐意接受约见	此法适用于已有一定交往的客户
4	祝贺约见法	即置业顾问借助从各种渠道得来的关于客户的"喜事"，以此为引子，向对方提出约见的方法	置业顾问在用这种方法时，一定要保证消息来源的可靠性，要有十足的把握，否则可能会导致客户不满或反感，再则，使用此法语言要得体，符合社交礼仪规范

课后小结

怎样？通过本节课的学习，一定有收获吧？现在请写出你的小小学习心得：

_____
_____
_____
_____

第四课　客户接待

课前导引

对于置业顾问来说，最乐意的无疑是上门客的光顾，因为上门客有比较强烈的买房意愿，所以省去了客源开发这一复杂的环节，不过要记住上门客主动上门，就好比丈母娘选女婿一样，不会一开始就挑一家，而是走访几家过后来进行对比。在这场对比中，如果置业顾问不能拿出十八般武艺展示出独特之处，那就很可能落败。何为十八般武艺呢？那就是待客服务能否让上门客满意。本课将介绍接待服务的常识，有助于置业顾问顺利、成功地接待上门客。

知识1：如何招呼客户入店

客人来到店门口时，首先招呼客户入店。招呼客户入店的规范见表2-11。

表2-11 招呼客户入店的规范

服务项目	服务目标	服务语言	服务态度	忌讳
顾客入店时，主动与他们打招呼	顾客感到被重视	早上好！请问有什么可以帮您？	眼神接触，点头微笑；立即放下手头工作，有礼貌地站起	埋头工作，不理顾客
若顾客站在门外观看或观望地盘，主动出外招呼	提供超越期望的服务印象	您好！请问是否看楼？让我介绍一下该楼盘好吗？	稳步走出门口；询问式语气，态度诚恳；留意顾客的反应，目光友善、微笑	视而不见，忽略顾客
主动邀请顾客入店	与顾客建立长远关系	请进来参观，让我介绍一下我们的楼盘	以邀请式手势邀请顾客入店；主动替顾客推门	若顾客说"不"时，马上流露不悦的神色；自行离开
如遇熟客先行接待售楼员应主动接待		陈先生，今天休息吗？考虑如何呀？有什么可以帮到您呢？	关心口吻，微笑，语气温和	机械式笑容或过分热情

知识2：如何接待入店客户

客人入店后，必须立即接待客户，接待客户的服务规范见表2-12。

表2-12 接待客户的服务规范

服务项目	服务目标	服务语言	服务态度	忌讳
客户到访时，主动打招呼	客户感到受重视	早上好！您好！请问有什么可以帮到您	眼神接触	埋头工作，不理客户
如遇熟客，先行接待的售楼员应亲自接待招呼顾客	与顾客建立长远关系	陈先生，选定了哪个单元没有？	点头微笑，立即放下手头工作，有礼貌地起身	机械式笑容或过分热情
主动邀请顾客坐下，自我介绍并询问顾客姓名	让顾客有受到重视的感觉，使之安心了解楼盘资讯	您想看看还有什么单元可选择，您先坐，我帮您查查！	语调清晰，语气温和	视而不见，态度轻浮
要求客户做登记	方便跟进	我姓"×"，这是我的名片，请问先生怎么称呼？	有礼貌的邀请，双手以名片的正面送上	命令式的语气，倒转名片或单手送上
留意顾客是否有陪同，主动提供茶水	为顾客提供细心的服务	您好，请坐，请先喝杯水	友善态度，眼神接触	只集中招呼主要的一位顾客，对其身旁的亲友不予理会

知识3：如何为客户介绍重点项目

接待客户时，应给客户介绍重点项目，介绍时的要求与注意事项见表2-13。

表2-13　重点项目介绍要求

服务项目	服务目标	服务语言	服务态度	忌讳
主动提供销售资料，介绍项目	提供专业知识，视客人动机选择推荐信息	我们的项目在××，是未来的市中心	专业口吻，态度要诚恳	心不在焉；转动手中笔；运用术语
为顾客分析不同项目的资料	作进一步有针对性的推介	现在××楼价大概××万，一些多层项目售××万	逐一发问，询问语气	主观、坚持自己认为优质的单元
判断顾客的购买动机，介绍适合的单元		考虑自用或是投资保值呢？	以朋友的角度去发问、沟通	四周张望；插问、不耐烦
利用素材，作生动介绍，多利用销售资料，模型等辅助介绍	帮助顾客理解	是啊，这里附近有很多娱乐及购物场所，如××	点头、微笑回应客户	

知识4：怎样在沿途为客人介绍样板房

给客人介绍完重点项目后，可以带客人参观样板房，在带客的过程中，也必须注意规范，具体见表2-14。

表2-14　带客过程的要求

服务项目	服务目标	服务语言	服务态度	忌讳
（1）留意顾客的反应 （2）保持适当的距离 （3）闲谈以便了解顾客的需要，强调好处，并反映其他顾客意见	令顾客感受到舒适、安全	这两座是一期的建筑，已经全部入伙了，这是会所，有桌球、游泳池，业主经常来玩，喜欢这里方便	语气温和，强调重点介绍	距离太远；只顾自己往前行
到达大厦大堂时，主动与保安员打招呼	展示专业服务与企业形象		邀请式手势，点头、微笑	敷衍交代；粗声喝骂

知识5：如何带客参观样板房

参观样板房是带客过程中一个最重要的环节，如果该环节成功，客人可能会立即答应签订这项服务。表2-15是参观样板房的服务规范。

表2-15 参观样板房的服务规范

服务项目	服务目标	服务语言	服务态度	忌讳
与买家保持闲谈，避免出现冷场	加强顾客的购买信心	出电梯右转就是D单元了	温和语气	指示错误；找错单元
电梯到达时，提示左转或右转	细致、贴心的服务		按着开门键让顾客先行	
清楚说明所看单元的布局、面积等；分别介绍此单元及另一单元的好处	显示专业水平及对项目程序的熟悉掌握	这是D单元，建筑面积有××平方米，有××间房	清楚地指示	喋喋不休
简单地介绍一下样板房与交房标准的分别，免招误会	排除任何引起误会的因素	我们的用料全部一级一类，地板是优质木地板，基本上交楼时跟样板房完全一样（除配备的电器等以外）	留意客人反应	不加解释；误导客人

课后小结

怎样？通过本节课的学习，一定有收获吧？现在请写出你的小小学习心得：

_____
_____
_____
_____
_____

第五课 带客看房

课前导引

带看是置业顾问对客户进行深入了解的最佳时机,它的好坏直接影响到成交与否,带看把握得好了,能对客户的需求和购房心理有更清楚的了解,对后续的工作有非常大的帮助。

知识1:什么是带客看房

带客看房即置业顾问带领意向客户实地看房的过程。置业顾问为客户寻找符合其基本要求的房源,提供一套或几套合乎要求的房源供客户选择,并带领其参观房源现场,全面了解房源,直至选中其满意的房源,是进一步了解客户需求的过程。

知识2:带客看房有何作用

一般来说,带客看房具有以下作用。
(1)是连锁店工作流程中最重要的一环。
(2)是对客户进行深入了解的最佳时机。
(3)这一过程把握的好坏直接影响到交易的成功与否。
(4)带客看房把握得好,即使该次带客看房没有成功,也可对客户的需求和购房心理有更深一步的了解,这对以后的工作会有很大的帮助。

知识3:带客看房有哪些方法

置业顾问在带客看房时,可参考以下7种方法,见表2-16。

表 2-16 带客看房的实战方法

序号	方法种类	诠释
1	比较法	（1）一般按照"三选一"原则进行，即给客户匹配三套房源 （2）看房顺序的选择：一般—最优—最差
2	羊群效应	（1）控制好不同客户的看房时间点，即怎么样把他们拉到一起 （2）优质房源的快速成交：积累准客户的能力；学会建立客户档案、培养连环客户的能力
3	倾听法	（1）少介绍多提问，即学会望、闻、问、切 （2）问30%、听50%、说20%，即说话要具有针对性、煽动性、建设性，并富有感情
4	别人的错误	不得罪客户，用真实案例引导客户的思考
5	宠物法	（1）宠物的故事，即讲述宠物店免费让客户试养，并取得优秀业绩的故事 （2）让客户感觉"这就是我的"，学会培养客户对房子的独享感觉
6	家人亲近法	（1）学会和客户套近乎，即可以这样称谓：大哥、大姐、先生、小姐、×总、老师、叔叔、阿姨、××哥、××姐 （2）学会对客户的家庭和事业的关注，特别是客户最关注的人和事
7	替代选择	（1）确定客户对所配的房子不满意情况下，要对客户需求重新定位 （2）在客户表示不满意时，一定要有备选方案

知识4：带客看房前要做好哪些准备工作

1.看房前的时间安排

（1）约好客户的看房时间。一般来说，应设定两个时间让客户选择，这样成功的几率会比较大。如果客户推说没空看房时，则应立即落实客户下次看房的时间。如可以这样说："××先生（小姐），我帮您找到了××房子，在××地方，房子各方面的条件都跟您的要求比较吻合，不知您今天下午四点还是五点有时间看吗？"

（2）落实业主的看房时间。约好客户后，应马上落实业主的看房时间。如果业主和客户的时间不能达成一致时，则必须立即再次协调，直到约定在同一时间。

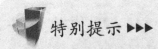 特别提示 ▶▶▶

约业主时要约时间段，时间段不宜过长，最好不要超过半个小时。而约客户时则要约时间点，要一个准确的时间，几点就是几点。

2. 告知业主和客户议价应注意的事项

（1）事先和业主打好招呼。如可以这么跟业主说："×老师，我们一般情况下会跟客户把您的房屋价格说得高一点，因为我们也想卖高点，收取多一点的中介费，另外客户看了您的房子后，肯定也会杀您的价。所以客户如果问房屋卖多少钱的话，您只要说'已经委托给××，与××谈就行了'或说'就是××说的那个价格'。"

（2）与客户交代不要直接和业主谈价钱。如可以这样说："您看好房子了，不要直接和业主还价，您出什么价格，可以直接和我说，我去帮您谈，如果您直接还价的话，业主会觉得您肯定看上了他的房子，那么他的价格就不容易杀下来，这样对您是非常不利的。"

3. 了解客户来看房的人数

如果是多人看房，而业主又住在里面的，则要两个人一同去看房，以防买卖双方通过小纸条等方式，相互留联系电话，而造成跳单的现象。

4. 了解房源的情况

（1）选择带客看房的路线。从店里到所要带客看房的房源一般会有几条路线，有的繁华，有的幽静，有的脏、乱、差，选择好合适的路线，可避免因路线不熟，而给客户带来不必要的购房心理障碍。

（2）熟悉小区周边情况。有的客户根据情况与你在所要看的房源附近的某个地方碰头，此时只有熟悉该小区周边情况，才能选择一个好的地点。注意应避开一些敏感的地方，如中介公司密集的地方等。

5. 准备好带客看房的物品

应准备好带客看房前的物品，如名片、买卖双方的电话号码、看房确认书等。

6. 要准时守约

如果你临时有急事而确实赶不上时间，则一定要给客户打电话，并表示自己的歉意。

知识5：如何引导客户看房

1. 途中与客户多交谈

在与客户进行热情交谈时，可以通过提问的方式，从客户回答中获取需要的信息。要尽量搞清楚客户感兴趣的话题，巧妙地提出一些客户感兴趣的问题，

同时应表现出诚实、坦率,这样可以让客户慢慢熟悉你,并使其逐渐地对你产生好感、信任感。

2.适当地谈论一下预订的作用

如好房子一定要迅速预订,不然很快就会被其他人买走等,这对以后逼客户预订起到非常好的铺垫作用。

3.进入房屋后的谈话技巧

当你在带客看房进入房屋后,一定要注意以下谈话技巧。

(1)不用介绍买卖双方认识,避免过多的话语。

(2)看房时根据情况紧跟着客户和业主,防止客户和业主互留电话。如果发现业主和客户互留电话时(如小纸条、卡片等方式),则马上阻止,没收纸条和卡片,并义正词严地表明:"两位也是相信我们公司,才委托我们公司为两位服务的,请两位相信我的专业水准,也请两位尊重我的劳动。"

(3)向客户介绍房子时,对客户指出的缺点不要过分掩盖。此时你可以利用话题,将注意力转移到房子的优点上来,并告知客户世上没有十全十美的房子。

4.客户满意与否的对策

(1)如果客户有意向,则一定要引导其预订。一般的做法是把客户拉回店里面,可以说"让我帮您算算如果您买这套房子还需要其他什么费用,我们回店里面算吧。"回店后就可以跟客户慢慢谈,从而迫使客户立即预订。此时可以有效地制造一些紧张的气氛,可参考以下技巧。

——让同事配合,在带客看房中,请同事给自己打电话,假装成还有客户要看房(已有客户看过,今天是来看第二次的)。

——假装成有个已看房的客户找你议价,迫切想买这个房子。

——假装成有个已看房的客户打电话给你,明确表示想过来下定金,而且是不停地打电话过来催促。

——如果是有钥匙的房子,则可以安排多组客户在一个时段看房,时间间隔为几分钟。从而在保证彼此不同时看房的情况下,制造热销的气氛。

(2)如果客户对房子不满意,应继续根据其需求,再做有针对性的匹配带看。

知识6:看完房后要做好哪些工作

在带客看完房后,要做好以下工作。

(1)检查门窗、水喉、电源等是否关好。

（2）与客人探讨所看房屋的价钱、环境是否达到或接近他们的要求，尽量要客户还价。

（3）如果客户不能明确地答复，则应尽量了解客户的想法，从而为下一步的跟进做好铺垫。

（4）与客人预约下次看房的时间。

知识7：介绍意向订金时有何技巧

在向客户介绍意向订金时，可参考以下技巧。

（1）如果成交的话，意向金则成为房价的一部分，不成的话则无息返还，不收一分钱。

（2）您可以获得第一位的购买权。

（3）屋主见钱眼开，以便于斡旋，快速谈成。

（4）书面的一个确认条件，而并不只是价格的依据。

（5）公司的规范和操作流程，对双方负责任的体现。

（6）表示诚意和实力的依据。

（7）给业主以实在的东西，不会让业主感觉到是空谈。

（8）从众心理，大家都是这样操作。

（9）一旦谈成，马上送定，避免业主反弹、反悔。

知识8：客人问"为什么要付订金？"应如何回答

技巧一："我们知道您的诚意，但业主不知道您有购买的诚意。如果我们和业主议价，业主可能会很保守，这样价格也谈不下来，所以我们不付意向金就不谈价。因为我们经常碰到这种情况，这样会白白浪费您许多时间，做很多无用工。因为业主也担心要是自己答应了，没有客户成交，却把底线给透露了，这样他会很被动，所以一般都很谨慎，您说呢？您付了意向金，那业主见钱眼开，放松了警觉，这样是不是更容易谈价格呢？"

注意：向客户介绍意向金的好处时，也可多介绍公司的背景，从而可以让客户感到：我们的公司那么大，怎么可能会欺骗他呢？我们之所以这样做，是真正为他考虑。

技巧二："您也知道目前市场上这房子出来的很少，看的人又那么多。如果别人看了也满意，比您早付意向金，那么业主会卖给谁呢？"

注意：要学会添油加醋，制造紧张的气氛，给客户一种他不付意向金可能就买不到这套房的错觉，从而让他在恐慌中定下来。收意向金时，要趁热打铁、速战速决。此时也可检测一下该客户的诚意度。

技巧三:"我们收您的意向金,主要是帮您向业主议价。您放心如果价谈不下来,××天后立即无息返还,不收您一分钱。××天后,价谈不成,您来公司前提前通知,我们就可以让财务做好准备,等您来拿钱。您放心,我们绝对会尽最大努力帮您谈价的。"(××最好是三天)

知识9:客户想预订但钱不够时应如何回应

如果客户想下订金,可是客户带的钱不够,此时可以参考以下技巧。
(1)现场能多收尽可能多收,以后再补足。
(2)跟客户回家、公司拿取。
(3)可以让客户与其家人、好友联系,让他们送来。
(4)意向金上要注明何时补足,不足的话应承担什么样的责任。

知识10:带客看房前要注意哪些事项

带客看房前,应注意以下事项。
(1)应提早十分钟到达约定地点。
(2)先到所看单位视察一次。
(3)整理仪容及所需文件。
(4)如果住房是空置的,则必须提前将大门、室内窗户打开。
(5)带看前,一定要让客户签署看房确认书。并且要在看房子前签看房确认书,以避免客户看完房后不配合,而且一定要让客户写上其身份证号码。

以下提供一份看房确认书,以作参考。

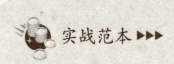
实战范本 ▶▶▶

客户看房确认书

甲方(委托方):
乙方(受托方):××房地产经纪公司

委托方式:租赁
房屋类型:写字楼( ) 民宅( ) 公寓( ) 门面房( )
用　　途:居　住( ) 办公( ) 商住两用( )

以上房屋甲方委托乙方代理寻找，代理期三个月。在委托期间，当乙方给甲方找到合适的房子，并签订租赁合同时，甲方应返给乙方月租金的____%作为乙方佣金（注：如看房未成功，乙方不向甲方收取任何费用）。

若甲方在乙方的协助下与业主签订正式合约，乙方负责检验业主房屋的产权证等相关证件及协助甲方进行家私盘点，以确保房屋的真实性。

若甲方与业主在未签订租赁合同前交换联系方式或在六个月内：与乙方介绍的房屋业主自行成交；通过其他中介与乙方带看过的房屋业主自行成交；将我公司提供的房源信息提供给其他个人或公司。发生以上情况视为乙方代理成功，甲方愿意依照本协议办理，付三倍月租金给乙方作为赔偿金。

本委托书甲乙双方签字生效，并可以传真形式签字生效。

所看房屋：

第一套房看完签字：

第二套房看完签字：

第三套房看完签字：

第四套房看完签字：

第五套房看完签字：

第六套房看完签字：

甲方（签字或盖章）_____　　　乙方（盖章）_____

身份证号：　　　　　　　　　　　　　资质证号：

固定电话：　　　　　　　　　　　　　联系电话：

移动电话：

本委托于____年____月____日在××房地产经纪公司签订

知识11：带客看房时要注意哪些事项

在带客看房时，应注意以下事项。

1. 每次带看的房子不能过多

每次带看的房子最多为三套，一般带看的顺序是：较好，最好，最差（两套：最好，最差）。

这个排序会给客户的心理造成影响，从而最终选定最好的一套（即你准备主推的那一套）。

2. 带客看"高层"的楼梯楼

你可以在走到四、五楼时，在楼梯平台处停留一会儿，让客户缓一缓，从而让其感觉上高层楼梯也不是非常辛苦。当然在停留时，应该介绍其他的一些东西，如外面的风景、楼道内的布线很合理之类的。此时千万不要说"太累了，我们休息一会儿吧"这样的话语。

知识12：带客看房时要注意自身的安全

在陪同客户去看房时，也会发生安全问题，尤其是女置业顾问，因此必须做以下好防范措施。

（1）当着客户的面告诉同事，自己陪客户去看房，什么时候回来。

（2）如果是客户多人去看房，记住要带到一些规范的小区，如果可能的话，邀请一个同事随行。

（3）和房主约定看房时间，让他在家里守候。

（4）劝说客户看房不要去太多人，一两个人就可以了，以免太嘈杂，引起房主的反感。

（5）在言谈举止中判断客户是否是真的买主。

（6）尽量在白天人多的时候去看房，一定要避免晚上看房。

知识13：客户异议有哪些类型

根据客户对异议关注对象的不同，可将异议分为以下5种类型，具体见表2-17。

表2-17　客户异议的类型

序号	类型	定义	处理技巧
1	产品异议	即客户针对房地产产品的质量、档次、外观等提出异议	这是客户表现出来的购买意向，要善于把握
2	需求异议	即客户对置业顾问提供的服务或产品能否满足自己需要提出的异议	应运用高超的技巧创造潜在的需求，并将其转化成现实的购买
3	价格异议	即对置业顾问报价过高的异议	如果客户对价格提出了异议，这表明客户有了初步成交的意愿，此时只有实施有效的报价策略，引导客户认同某一价位，从而达成交易

续表

序号	类型	定义	处理技巧
4	时间异议	即客户有意拖延成交时间的异议	客户在成交前常用"让我好好想一下,过几天给你回复"、"我再多考虑一下"等托词,这表明客户尚未下定决心,此时只有运用各种攻关策略了解客户拖延交易的真正原因,才能对症下药,促成交易
5	置业顾问异议	即客户不信任置业顾问,认为不应该接受该置业顾问提供的服务或产品而提出的异议	在与客户面谈或提供服务的过程中,必须时时谦恭谨慎,避免触犯客户的利益,导致客户的态度急转直下,从而产生异议

知识14:异议处理有何策略

1.认真对待客户提出的异议

在听取客户的反对意见时,要认真分析,找出其提出异议的真正原因。洞悉了解客户的真实动机,才能牢牢把握主动权,消除客户的障碍。

2.尊重客户

(1)置业顾问要善于控制自己的言语和行为,避免无意中冒犯客户,伤了客户的自尊心。

(2)要避免与客户争吵,保持宽宏大量的气度,认真倾听,耐心讲解,有针对性地回答客户的异议。

3.多听多问

当顾客提出异议时,置业顾问要学会倾听异议,即真诚地听、认真地听、耐心地听,但不要轻易地相信客户的异议,还要学会带着问题倾听客户的异议。

4.回避无关的异议

一般来说,置业顾问应尽量回避各种无关的异议,以节省面谈的时间,提高洽谈的效率。

5.选择恰当的时机

对客户提出的异议,不一定要立即答复,而是要选择一个恰当的时机。

知识15:处理客户异议有哪些方法

在从事房地产经纪业务的过程中,置业顾问要面对各种各样的客户异议,因而，必须掌握一些行之有效的方法。常用的方法主要有以下7种，具体见表2-18。

表2-18 客户异议处理的方法

序号	类型	定义	处理方法
1	先发制人法	即置业顾问在与客户面谈或业务过程中，当确信客户会提出某些或某种异议时，抢先把问题提出来并把它作为论点，争取主动，以有效解除客户异议的方法	（1）可以认识到你没有隐瞒自己的观点，能主动、客观地对待推销的产品，为赢得客户信任奠定了基础 （2）能使大事化小、小事化了，最终化解客户异议
2	充分表达法	即不论客户说什么，都要让客户充分表达他的意见，千万不要打断客户的谈话。同时，置业顾问要适时做出灵敏的反应，巧妙地引导，当客户讲完后再诚恳地解答客户的异议	（1）能够表明置业顾问对客户礼貌、尊重 （2）可以较容易地与客户建立良好的人际关系 （3）还可从而找出客户异议的真正原因，为正确、妥善地处理客户异议奠定基础
3	反问引导法	即客户公开提出异议后，置业顾问直接以询问的方式，向客户提出问题，引导客户在不知不觉中回答自己提出的异议，甚至否定自己，从而同意置业顾问观点的处理方法	可以不失时机地当场予以反问，使客户无从解释而感到心虚，自然处于商谈的劣势地位，反问法使用得当，可以获得更多的真实信息，为成交打下牢固的基础
4	直接反驳法	即置业顾问根据有关事实和理由直接否定客户异议的一种处理方法，如"不可能"、"开玩笑"	直接反驳法运用得当，可以给客户留下坦诚、充满自信的印象
5	转折法	即置业顾问用有关理由间接否定客户异议的方法	（1）在表达与客户相反的意见时，要避开态度生硬的转折词，巧妙地表达相反之意，让客户愉快地接受 （2）要通过丰富的表情把同意、理解客户异议表达出来，再以较低的姿态、请教的方式，向客户表述自己的看法
6	举例法	即置业顾问在面谈中针对客户的异议采用实例说明的方法使之同意自己的观点，以解除客户异议的处理方法	（1）如果能举出令人信服的证据，往往不用多加解释就可以取得客户的信赖 （2）运用良好的说服语言与肢体技巧，以情动人，效果会更佳
7	装聋作哑法	即置业顾问在面谈中对客户提出的某些异议不予理睬，分散客户注意力，达到回避矛盾的处理方法	对微不足道或故意刁难的异议，可采用此法处理，即故意忽视、回避、沉默不语或转移话题等方式，保持良好的洽谈气氛，避免与客户发生冲突

课后小结

怎样？通过本节课的学习，一定有收获吧？现在请写出你的小小学习心得：

_____

_____

第六课 与业主、客户谈价

课前导引

与业主、客户谈价是置业顾问的一项必备技能，如何谈出一个让三方都满意的价格，其中有一定技巧可循的。

知识1：谈价前要做好哪些准备工作

在和业主、客户进行谈判前，置业顾问应做好以下准备工作。
（1）了解业主和客户哪个是强势、哪个是弱势、最后决策权是谁。
（2）了解市场情况、供求以及房屋价格情况。
（3）完全掌握前期的进展情况、房价的差距。
（4）掌握买卖双方的真实动机及心理。
（5）掌握公司在同行中的优劣势、竞争对手的工作进展情况。
（6）知晓付款方式、空房时间、参与谈判的人数及性格。
（7）选择、清洁、整理谈判地点。
（8）准备好合同协议、便笺纸、手帕纸、烟灰缸、纸杯、印泥、验钞机、

收据、印章等。

（9）预想好你想得到的结果，如：想让双方在什么价位成交；如何控制谈判的节奏；双方的目标是什么。

（10）模拟谈判的过程，准备谈判的议程。

（11）做好心理准备，无论成功与否，都要泰然自若。

知识2：哪些因素会对房价产生影响

一般来说，对房价产生影响的因素主要有以下3种，具体见表2-19。

表2-19 对房价产生影响的因素

序号	因素	诠释
1	房屋因素	（1）房屋竣工后即进入折旧期，混合一等结构房屋折旧期限为50年，每年的折旧率为2% （2）楼层对价格也产生影响，如果1层和5层为基准价，2层和6层为−3%，7层为−5%，3层和4层为+3%，如果是楼顶，则为−5%，而朝向如无朝南窗，则为−5%
2	环境因素	（1）在同一地段，旧房的小区环境会逊色于新住宅区，如小区平面布局、设施、绿化、房屋的外观造型等，旧房都要大打折扣 （2）该地区的居民结构、文化氛围、配套建设等都会对房屋价格产生较大的影响，如无物业管理和非独立封闭小区分别扣减5%
3	心理因素	如果旧房的价格同新房相差不大，买旧房就会有难以逾越的心理障碍，心理因素为−8%

知识3：评估房价的方法有哪些

1.看地段与交通

（1）看该房屋所在的地段。在城市这个有限的空间里，中心城区黄金地段属于稀缺资源，谁拥有它意味着谁就可享受便捷的交通资源、完善的商业配套资源、成熟生活配套资源等，房价则不言而喻。

一般情况下，市中心区域的二手房与郊区二手房价格相比能产生好几百甚至几千元一平方米的落差。

（2）看该房屋所在的交通。现在越来越多的上班族趋向于购买交通便利的房屋，最重要的原因就是看重了出行便捷。

评估此类房产时，还应综合考虑由交通工具所造成的噪音、房产周围卫生状况、空气质量等相关因素，对房屋居住环境产生的影响。

2. 看居住情况、周遍配套

（1）看居住环境。居住环境是无数购房者购房前重点考虑的问题，它也是评判房价高低的一个重要因素；其次，物业管理的优劣状况，会直接影响到人们日后居住环境的卫生及日常安全等重要问题。

（2）看周边配套。如果所居住的房产周边有大型的商场、卖场及商业版块，社区配套中的菜场、超市、银行、邮局、医院、餐饮店等十分齐全，其房产的价格也就不言而喻了。

3. 看房屋的楼层与建筑年代

房屋楼层与房龄是评估房屋价格的两大最基本的因素。通常在同一幢房屋内，多层房屋由于楼层的差异，每一平方米建筑面积价格可相差50～300元不等。

4. 看房型朝向、房屋内在装修情况

（1）看房型。房型设计的合理性直接影响到对房屋价格的评判。在同一地段，且建筑面积相同的情况下，竖套比横套价高。

（2）看房型朝向。房型朝向对房屋的价格也有影响，大多数人买房都喜好"坐北朝南"，在同一幢房屋内，同一层次的房屋，由于朝向的不同，其每平方米建筑面积价格可相差50～200元左右。

（3）看房屋内在装修情况。对二手房屋内部装修的投入，也属于房屋的成本，尤其是新装修，房屋的装修价格可以酌情考虑，但对5年以上的老式房屋装修，其装修成本则可进行折旧。

5. 看市场供求、城市规划

（1）看市场供求。当房屋供应量过大时，房屋价格就会下降；当房屋需求量增加、经济状况走好、房地产市场行情看涨时，房屋价格则会上涨。

（2）看城市规划。城市的拆迁改造与美化建设，都会对相应地段的房产价格产生巨大影响，而政府对城市每一地段的建设定位，也会导致房产价格的剧烈波动。

知识4：谈价开局有何技巧

一般来说，置业顾问在与业主、客户开始谈价时，可参考以下技巧。

（1）给自己留有谈价的空间。

（2）价格被客户谈下来，可以给他赢了的感觉。

（3）尽量让客户先开口报价，即引导买卖双方报价。

（4）千万不要接受第一次的出价。

特别提示 ▶▶▶

在替买方还价时，可使用具体数字，如"买家出价61.55万元"，这样显得很真实。

如果你接受了第一次的出价，则客户就会立即后悔，因为此时客户认为，自己应该可以以更低的价格买到该房子，他甚至会认为房子可能有问题。

（5）故作惊讶。对买方的还价，要表示惊讶，如你可以这样说："天哪！业主听到这个价格会骂我的！不可能，这个价早就卖了。"你应学会表演吓一跳的感觉。如果客户还的价格太低，则要用坚决的语气、神情，表示不可能。

（6）要告诉业主应表现出不情愿卖这房子，如可以说："住这房子很多年了，很有感情。"

（7）对客户的出价，一般你可以这样说："太低了，您还是出得高一点吧！"

知识5：谈价中期有何技巧

置业顾问在与业主、客户进行谈价的中期时，可参考以下技巧。

（1）确认客户有绝对的决定权，才能报底价。如你可以这样问："我给你谈下的这个价格，你能定吗？"

（2）一般情况不要向客户报出底价。如你可以这样说："交上意向金，我去给您争取，这样显得有诚意，房主可能会动心。"

（3）避免敌对情绪、争执。如你可以这样说："感觉、同样感觉……我理解您的感受，很多人都有这样的感觉……但是，我却发现……"

（4）尽量不要自己折中，要让客户先提出折中方案。

（5）礼尚往来：当客户要你作出让步时，你要让他给一些回报，如"如果价格再降1万，你要一次性付款"等。

知识6：谈价后期有何技巧

置业顾问在与业主、客户进行谈价的后期时，可参考以下技巧，见表2-20。

表2-20 谈价后期的技巧

序号	技巧	诠释
1	黑白脸对策	这是给客户施加压力而不发生冲突最好办法,如你可以这样说:"我想帮你争取中介费打折,咱们关系这么好,可是经理就是不同意"
2	最后谈对策	谈不拢的问题一般要等最后谈,不要一味地纠缠
3	不让好处对策	不要把所有的好处都让出去,底牌要一个一个出,好处要一点一点地让,不要急于成交一下都抛给客户
4	反悔对策	对犹豫不决型的客户,让到底价也不定。此时你可以这样说:"业主先生同意,可他太太坚决不同意这个价,要涨2000元。"这样可以促其下定

知识7:谈价要注意哪些事项

一般来说,置业顾问在与业主、客户进行谈价时,应注意以下事项。

(1)谈价中要主动引导客户,不要让客户牵着鼻子走。

(2)单独与客户谈价时,如果对方不同意协调的价格或其他事项,则要追着问为什么。

(3)劝客户下定时,要反复重复房子的好处、客户能得到的好处。

(4)要让客户觉得房子很好卖,让业主感到房子不是太好卖。

(5)不要让双方感觉到对方肯定要买(卖)了。

(6)注意时间的把握。因为银行一般在16:30就停止办理取现金业务了,要尽量在16:30之前搞定。

(7)价格差异大时,要先谈一些比较容易解决的问题,如交房日期、户口等,以避免一开始谈判就陷入僵局。

知识8:如何与业主杀价

一般来说,置业顾问在与业主杀价时,可以参考以下技巧,见表2-21。

表2-21 与业主杀价的技巧

序号	技巧	诠释
1	自住屋主放鸽子议价	事先和业主约好带客户来看房或复看的时间,等1～2小时再通知业主客户不来了,因为客户与其家里人商量了后,觉得价格高(或其他原因),最终决定不来看了,从而达到打击业主心理的目标

续表

序号	技巧	诠释
2	空屋虚拟议价	门店自己有房屋钥匙的,将带看结果反馈给业主,可借用客户的口来打击业主,如房型不好、治安不好、配套设施不完善等,或"买方看到这个价格,连看都不来看了,×先生,您说我们该怎么办?"从而达到议价的目的
3	大、小平方米的议价法	当房型足够大时,可以议平方米单价;当房型比较小时,可以议总价
4	交错议价法	以另外一家房地产公司的名义打电话,来达到议价的目的
5	业主自住房源议价	"因为客户反映价位太高,所以没人愿意过来看,免得浪费大家的时间"
6	建议以租待售	告诉业主,可以将房子出租,业主可能会这样想:本来这个房源是卖的,但是置业顾问却建议我出租,这是什么原因?一定是价格高了卖不掉了,所以只能出租了
7	置业顾问热处理法	现场带上现金,以诱惑业主下定决心
8	客户参与法	你可以这样说:"我把您的房源推荐给我们店经理,店经理不同意打广告,说这个价格打了广告也没有人打电话来。"把问题推给业主,看他的反应
9	冷处理法	把业主晾一晾,让他自己觉得房源价格太高,无人问津
10	积极回馈法	当你每次带客看房后,都说一次房子价高了,能不能降些?每次都询问,给业主的心理是:"我的价位真的高了吗?"此时再加上用冷处理法对待业主,就更给他施加上心理压力,当物业长时间无人问津时,业主自然会考虑降价

知识9:如何应付客户对佣金打折

客户一开始时便对公司的佣金打折是毫无理据的,除非客户是曾经交易过的,否则都要付足佣金。当遇到对佣金打折的客户时,可参考以下技巧。

技巧一:"××先生(小姐),你尚未跟我看房便要求打折是不合适的。这样吧,我带您看过房后,发觉有合适的,我尽量帮您向业主争取低一点的价钱吧!我帮您向业主还的价钱都不止一万元,是几万元上落的价钱啊!"

技巧二:"××先生(小姐),我们置业顾问所收取的佣金只占成交金额的少部分,我们自己分成所得的只是微利。这样吧,成交后我请您去喝茶,庆贺您购买新居,好吗?"

知识10：如何应付业主对佣金打折

当遇到对佣金打折的业主时，可参考以下技巧。

技巧一："××先生（小姐），这样吧，如果售出价是××万元的话，那您便付足佣金吧！否则我尝试跟公司商量可否给予您熟客的九折吧！"

技巧二："××先生（小姐），反正你售出此房后，要购买另外一间房子。这样吧，这次交易您付全佣，您再买的话（如果经本公司介绍），我再跟公司商讨给您一个特惠的折扣。"

课后小结

怎样？通过本节课的学习，一定有收获吧？现在请写出你的小小学习心得：

第七课　测算购房费用

课前导引

销售过程中，由于大多数客户都是非专业人士，因此对购房费用并不是十分熟悉，此时置业顾问要协助客户测算购房费用，以免出现客户由于购房费用预算错误而放弃购买。

知识1：购房费用由哪些构成

1.房价中的成本构成

房价中的成本构成主要包括以下内容。

（1）土地取得成本、拆迁安置费。
（2）规划设计、初步设计和施工图设计费用。
（3）设计图纸审查、勘察费用；前期三通一平或五通一平费等。
（4）基础设施配套费、人防费、墙改基金、检测费、招标费等。
（5）施工建设费用。
（6）小区配套建设费、环境（小品）绿化费、公建费等。
（7）房地产企业税费。房地产企业税费包括营业税、城市维护建设税、教育费附加、土地增值税、房产税、城镇土地使用税、城市房地产税、外商投资企业土地使用费、印花税、契税房地产企业管理费，和财务费用、房地产开发利润等。

2. 向政府和相关部门必须缴纳的费用

向政府和相关部门必须缴纳的费用主要包括以下项目。
（1）土地契税，为地价的4%。
（2）基础设施配套费，一般105元/平方米，人防50元/平方米。
（3）墙改基金、白蚁防治费、防雷设计审查、施工图设计审查费、质量监督费、测绘费、规划技术服务费等20元/平方米。
（4）企业交纳的各种税（合计在房价的10%以上）。
（5）建筑施工企业纳税，平均按6%计算。
（6）个人领取房产证契税（1%～4%）和印花税。
（7）按规定向政府房地产行政管理部门缴纳维修基金（30～45元/平方米，多层为30元/平方米，小高层45元/平方米，用于房屋的维修）。

知识2：如何测算新建商品房的购房费用

1. 商品房价格的构成因素

商品房价格构成的因素包括土地费用；前期工程费用；建筑安装工程费用；小区内的配套费；商品房的经营费用；开发企业的财务费用、税金、利润等费用。

2. 商品房价格的开发成本费

商品房价格的开发成本费包括土地使用权取得费、前期工程费、基础设施建设费、建筑和安装工程费、公共配套设施建设费、开发间接费等。

3. 期间费用

期间费用指开发经营者在商品房开发期间为管理费用、财务费用、销售费用等与房产开发基础有关的支出。

4. 确定新建商品房的价格

开发商将开发成本加利润分摊到单位建筑面积上,再通过绿化、小区配套、朝向、户型设计等相关指标的优劣比较,就确定出了具体的商品房价格。

5. 测算新建商品房的购房费用公式

置业顾问在测算新建商品房的购房费用时,可参考以下公式:

房价=土地成本(包括土地出让金、拆迁、安置成本)+公关成本+

建筑成本+监理成本+策划费用+销售成本(含巨额广告费、人力)+

开发商利润+税收+银行巨额贷款利息+财务费用+

其他因素(包括周边环境的搭配、供求关系、投机者的炒作哄抬、购房者的不理性等因素在内)

知识3:如何测算二手房的购房费用

1. 购房费用的构成

一般来说,二手房的购房费用主要由以下4部分构成。

(1)契税。契税金额是房价的1.5%,一般情况下是在交易签证时交一半,入住后拿房产证时交另一半。

(2)印花税。印花税金额为房价的0.05%,在交易签证时交纳。

(3)交易手续费。交易手续费一般是每平方米2.5元,也是在交易签证时交纳。

(4)权属登记费。权属登记费一般在100~200元之间。

2. 购房费用的计算方法

购房支付费用=契税(评估价的1.5%)+印花税(合同价的0.05%)+

过户登记费(50元)+查档费(50元)+贴花费(5元)+

中介费(2%左右)

课后小结

怎样?通过本节课的学习,一定有收获吧?现在请写出你的小小学习心得:

第八课　相关手续办理

课前导引

作为一名置业顾问，要掌握地产销售售后相关手续的办理内容和步骤，如产权登记、合同备案、按揭办理等。一个完整的销售过程，是离不开相关售后服务的。提供周到细致的售后服务，可以赢得客户的信赖，从而为自己争取更多潜在客户。

知识1：如何办理代理契约鉴证

置业顾问在办理代理契约鉴证时，可按照以下流程进行，如图2-3所示。

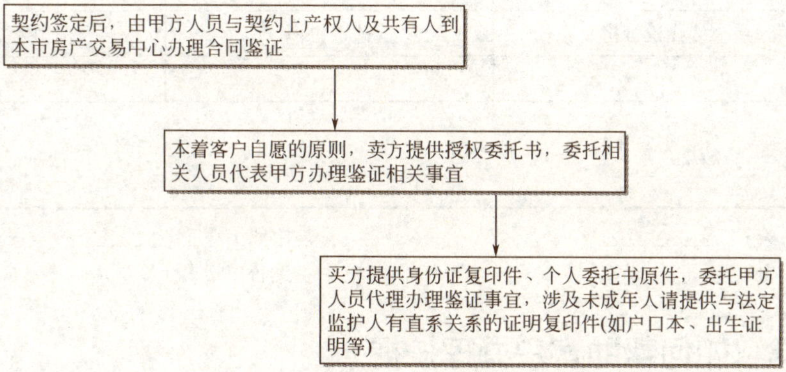

契约签定后，由甲方人员与契约上产权人及共有人到本市房产交易中心办理合同鉴证

↓

本着客户自愿的原则，卖方提供授权委托书，委托相关人员代表甲方办理鉴证相关事宜

↓

买方提供身份证复印件、个人委托书原件，委托甲方人员代理办理鉴证事宜，涉及未成年人请提供与法定监护人有直系关系的证明复印件(如户口本、出生证明等)

图2-3　办理代理契约鉴证的流程图

知识2：如何办理缴纳契税

一般来说，置业顾问在缴纳契税时，可按照如图2-4所示的流程进行。

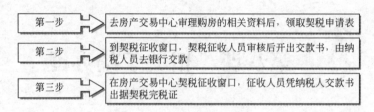

图 2-4 缴纳契税的流程图

置业顾问应了解房地产契税申请表的相关内容,具体见表 2-22。

表 2-22 房地产契税申请表

编号:　　　　　　　　　　　出让方:

纳税人申请事项	纳税人		单位性质		
	联系地址		联系电话		
	房屋(土地)坐落		原产(土地)证号		
	项目	房地产结构	层数	间(套)数	面积/m²	成交(评估)价
	房产					
	土地					
	交易性质		立契时间		申报日期	
	土地使用年限		其他权利申报			
征收机关核定	计税价格		核定税率		计征税额	
	备注					

征收机关:＿＿＿＿＿　　　　　时间:＿＿＿＿＿
经 办 人:＿＿＿＿＿　　　　　纳税申报人(签章)

知识 3:如何帮助客户办理按揭

按揭即个人住房商业性贷款,是银行用其信贷资金所发放的自营性贷款,具体指具有完全民事行为能力的自然人,购买本市城镇自住住房时,以其所购买的产权住房为抵押,作为偿还贷款的保证而向银行申请的住房商业性贷款。

1. 申请按揭方式的业主应具备的资格

申请按揭方式的业主应具备以下资格。

(1) 年龄在18岁以上，具有完全民事行为能力的中国公民（包括中国内地人士、港澳台人士）。
(2) 贷款到期时原则上女士不大于55岁，男士不大于60岁。
(3) 有稳定合法的职业和收入来源，有还款付息能力。
(4) 借款人同意以所购房屋及其权益作为抵押物。
(5) 交齐首期购房款。
(6) 贷款银行要求的其他条件。

2. 按揭客户需提供资料及交纳费用

按揭客户需提供以下资料和交纳以下费用。
(1) 夫妻双方身份证复印件3份。
(2) 婚姻状况证明，包括：结婚证复印件3份；单身由街道办或居委会出具2份单身证明原件，格式由银行提供。
(3) 夫妻双方所在单位出具收入证明原件各2份，格式由银行提供。
(4) 夫妻双方户籍证明原件各1份（户口所在地派出所出具）。
(5) 资信证明（存单、股权、国库券、房产证或企业营业执照等有效证件复印件，一般不需要）。

3. 办理按揭的流程

一般来说，置业顾问在为客户办理按揭时，可按照如图2-5所示的流程进行。

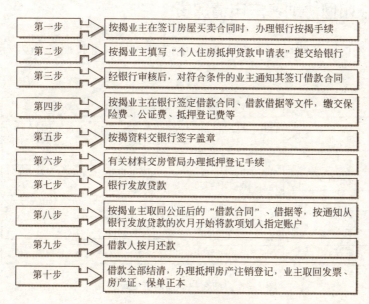

图2-5 办理按揭的流程图

知识4：如何办理房贷转按揭业务

房贷转按揭业务即已在甲银行办理了住房按揭贷款的借款人，直接将在甲银行办理的按揭转到乙银行，以便享受到更优惠的利率。一般来说，置业顾问在为客户办理转按揭时，可按照如图2-6所示的流程进行。

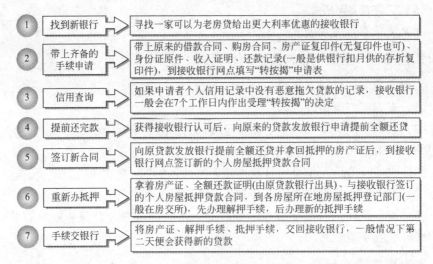

图2-6 办理转按揭的一般流程图

知识5：如何协助客户申请房贷

一般来说，置业顾问在协助客户申请房贷时，可按照如图2-7所示的流程进行。

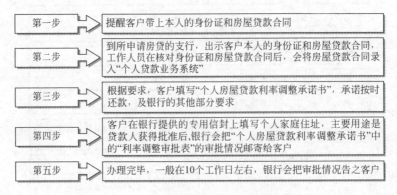

图2-7 协助客户申请房贷的流程图

知识6：如何协助客户收房

置业顾问在协助客户收房时，可按照如图2-8所示的流程进行。

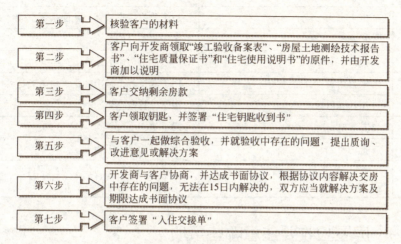

图2-8 收房的流程图

知识7：如何协助客户办理房屋验收与移交

一般来说，置业顾问在协助客户验收、移交房屋时，可按照如图2-9所示的流程进行。

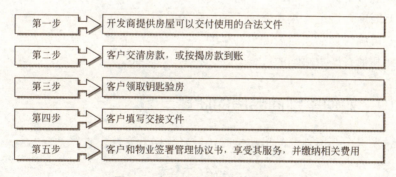

图2-9 房屋验收与移交的流程图

知识8：房屋验收需要哪些工具

一般来说，置业顾问在协助客户验收房屋时，应准备的工具，见表2-23。

表2-23 房屋验收所需的工具及其用途

序号	工具	用途
1	1个塑料洗脸盆	用于验收下水管道
2	1把小榔头	用于验收房子墙体与地面是否空鼓
3	1只塞尺	用于测裂缝的宽度
4	1把5米卷尺	用于测量房子的净高
5	1块万用表	用于测试各个强电插座、弱电类是否畅通
6	1个计算器	用于计算数据
7	1支水笔	用于签字
8	1把扫帚	用于打扫室内卫生
9	1个小凳子和一些报纸、塑料带、包装绳	用于时间长可休息一下及预先封闭下水管道

知识9：房屋验收要注意哪些事项

置业顾问在协助客户验收房屋时，应注意有以下问题的不予收房。
（1）墙面、地面有较大面积空鼓的。
（2）有明显渗漏水现象的。
（3）管道、地漏等下水道不通的。
（4）厨具、洁具有破损的。
（5）五金配件有损坏，严重影响使用的。
（6）浴霸、烟道、热水器、空调预留的孔洞未做的。
（7）设施、物品表面被严重污染的。
（8）其他有严重缺陷的。

知识10：如何鉴别商品房的质量

一般来说，在鉴别商品房质量时，最好采用六看法，具体见表2-24。

表2-24 六看法

序号	六看法	诠释
1	雨天看	经雨水淋后的房屋是否漏雨、渗水，一览无余
2	看墙角	墙面的平整光滑与否是显而易见的，要看最容易出问题的墙角是否平整，有无龟裂、渗水
3	看做工	装潢的质量主要表现在每个接点、窗沿、墙角、天花板等，要看做工是否精细，这些皆是购房时讨价还价的筹码

续表

序号	六看法	诠释
4	看窗外	要把窗户打开,看窗外通风、采光、排气是否有障碍物
5	看楼梯	如是高层建筑,在看电梯的同时,要注意看楼梯(安全梯)是否畅通无阻,要知道如发生大火,楼梯是唯一的逃生之路
6	看厨卫	厨房、卫生间是家庭居室的内部器官,水、电、气系统都在这里,是最容易出问题的地方,要格外重视

知识11:产权证办理需要哪些资料

置业顾问在协助客户办理产权证时,要带齐以下资料,见表2-25。

表2-25 产权证办理所需的资料

序号	房屋类型	所需资料
1	商品房	个人身份证、房屋登记申请表、购房证明书刊号、商品房购销合同书(或预售合同书)、房屋分户平面图、缴款发票、交易监证文书
2	单位新建房	法人资格证明(法人代码证明或营业执照、房屋登记申请表、建设项目批文、征地批文或用地许可证、征地红线图、建设许可证、建筑红线图、建设设计防火审核意见书、竣工平面图、房屋总平面图、房屋分层平面图、竣工验收报告)
3	拆迁安置房	个人身份证、房屋登记表、房屋拆迁证明书、房屋拆迁产权交换证明书或购房证明书、原房屋产权注销证明、房屋拆迁安置补偿结算单、房屋分户平面图、缴款发票
4	个人新建房屋	个人身份证、房屋登记申请表、建筑许可证、建筑红线图、建设设计防火审核意见书

知识12:产权证办理的流程是什么

置业顾问在协助客户办理产权证时,可按照如图2-10所示的流程进行。

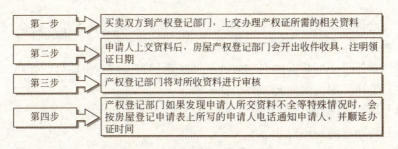

图2-10 产权证办理的流程图

课后小结

怎样？通过本节课的学习，一定有收获吧？现在请写出你的小小学习心得：

_____

_____

第九课　签署合同

课前导引

签署合同是一个非常重要的环节，稍有疏忽，就可能引发法律纠纷，给自己和公司造成不必要的麻烦，特别是现在消费者的自我保护意识越来越强，更是马虎不得。因此，在签订合同时，置业顾问必须谨慎地按照规定的程序和步骤操作。

知识1：如何签署委托合同

委托合同即委托人和受托人约定，由受托人处理委托人事务的合同。一般来说，委托合同应包括以下内容。

（1）委托人、受托人的名称或姓名；法定代表人的身份证号、住所、电话。

（2）委托代理人的姓名、身份证号码。

（3）所需代理的事项。

（4）代理费用、预付款。

（5）违约赔偿责任。

（6）其他事项。

签署委托合同时，一定要包括委托合同所规定的内容。一切相关事宜，都应在签署合同前协商好。以下提供范本作为参考。

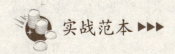 **实战范本** ▶▶▶

委托合同

委托人（甲方）
名称或姓名：＿＿＿＿＿＿＿＿＿＿＿＿＿＿＿＿＿＿
法定代表人：＿＿＿＿＿＿＿＿＿＿ 身份证号：＿＿＿＿＿＿＿＿＿
住所：＿＿＿＿＿＿＿＿＿＿＿＿ 电话：＿＿＿＿＿＿＿＿＿＿
委托代理人：＿＿＿＿＿＿＿＿＿＿ 身份证号：＿＿＿＿＿＿＿＿＿

受托人（乙方）
名称或姓名：＿＿＿＿＿＿＿＿＿＿ 资格证书号：＿＿＿＿＿＿＿＿＿
法定代表人：＿＿＿＿＿＿＿＿＿＿ 身份证号：＿＿＿＿＿＿＿＿＿
住所：＿＿＿＿＿＿＿＿＿＿＿＿ 电话：＿＿＿＿＿＿＿＿＿＿
委托代理人：＿＿＿＿＿＿＿＿＿＿ 身份证号：＿＿＿＿＿＿＿＿＿

根据有关法律、法规、政策的规定，双方在平等、自愿、诚实、信用、协商一致的基础上，签订本合同。

第一条　乙方同意接受甲方委托为其代理＿＿＿＿＿＿＿＿＿＿事项。

第二条　甲方应就授权委托的事项，提供相关合法、有效的证件。

第三条　乙方在代理该委托事项时，应认真审查委托事项的真实性、相关文件的合法性和有效性，对甲方不能提供合法、有效证件的，乙方有权拒绝代为办理。

第四条　双方商定委托事项在＿＿＿＿＿＿天内完成。超过本约定时限的，甲方有权另行委托他人或自行办理，由此造成损失的可同时按本合同第八条的约定向乙方索赔（但因登记管理部门或甲方的原因造成超时的除外）。

第五条　甲方同意在签订本合同后同时支付委托代理费（大写）＿＿＿＿＿元人民币。

第六条　甲方同意在签订本合同时预付如下款项。
（1）代交应纳税、费（大写）＿＿＿＿＿＿元人民币。
（2）＿＿＿＿＿元人民币。
本条约定费用在委托代理事项完成时结清，多退少补。

第七条 由于甲方原因使委托代理事项终止履行的，预交的委托代理费不予返还；因甲方提供虚假情况或隐瞒与订立、履行合同有关的重要事实（如房地产权属有争议或已被查封、抵押、有法律法规规定禁止交易的情况），造成乙方名誉及经济损失的，甲方应承担违约责任赔偿金（大写）＿＿＿＿元人民币，损失超过违约金的按实际损失赔偿。

第八条 由于乙方代理当中的原因造成甲方损失的，乙方应承担违约责任赔偿金（大写）＿＿＿＿元人民币，损失超过违约金的按实际损失赔偿。

第九条 本合同在履行中发生争议，由双方协商解决或提交有关部门调解。协商、调解不成，双方同意按下列第＿＿＿＿项方式解决。

（1）向仲裁委员会申请仲裁。

（2）向有管辖权的人民法院起诉。

本合同未尽事宜按法律有关规定处理。

第十条 双方需要约定的其他事项。

（1）＿＿＿＿＿＿＿＿＿＿＿＿＿＿＿＿＿＿＿＿＿＿＿＿＿＿＿＿。

（2）＿＿＿＿＿＿＿＿＿＿＿＿＿＿＿＿＿＿＿＿＿＿＿＿＿＿＿＿。

（3）＿＿＿＿＿＿＿＿＿＿＿＿＿＿＿＿＿＿＿＿＿＿＿＿＿＿＿＿。

第十一条 本合同一式＿＿＿＿份，效力等同，双方各执一份，自双方签字盖章之日起生效。

委托人（签章）：＿＿＿＿＿＿　　受托人（签章）：＿＿＿＿＿＿

委托代理人（签章）：＿＿＿＿　　委托代理人（签章）：＿＿＿＿

＿＿＿＿年＿＿＿月＿＿＿日　　　＿＿＿＿年＿＿＿月＿＿＿日

签订地点：＿＿＿＿＿＿＿＿　　　签订地点：＿＿＿＿＿＿＿＿

知识2：如何签署房地产租赁合同

房地产租赁合同即房屋所有权人作为出租人将其房屋出租给承租人使用，由承租人向出租人支付租金而签署的书面合同。一般来说，房地产租赁合同应包括以下内容。

（1）租赁当事人的姓名、住所。

（2）房屋坐落地点、面积等自然情况。如果有装修或家具电器等附属设施的，则要列明清楚。

（3）房屋用途。

（4）对房屋交接日期、房屋的水电及电话费等，要做好交接记录。

（5）租赁期限。
（6）租金数额、支付方式和期限。
（7）房屋使用要求和维修责任。
（8）房屋返还时的状态。如果使用人可能对房屋装修，则还要约定装修物的归属。
（9）转租的约定。
（10）变更和解除合同的条件。
（11）违约责任。
（12）争议的解决方式。
（13）租赁当事人约定的其他内容。

签署房地产租赁合同时，一定要包括房地产租赁合同所规定的内容。一切相关事宜，都应在签署合同前协商好。以下提供范本作为参考。

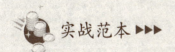
实战范本 ▶▶▶

房地产租赁合同

出租方：_____（以下简称甲方）
承租方：_____（以下简称乙方）

甲乙双方经充分协商，同意就下列房地产租赁事项，订合同如下。

一、甲方自愿将坐落在_____的房屋（建筑面积共_____平方米），出租给乙方使用。出租房屋的四至界限：东至_____；南至_____；西至_____；北至_____；是_____结构。

二、甲乙双方议定的上述房地产月租金为人民币￥_____元。租赁期限自_____年_____月_____日至_____年_____月_____日止。租金按结算，由乙方在每_____的_____日前交付给甲方。

三、甲方保证上述房地产权属清楚。如果发生与甲方有关的产权纠纷债权债务，概由甲方负责清理，并承担民事诉讼责任，因此给乙方造成的经济损失，甲方负责赔偿。乙方保证承租上述房屋仅作为_____用房使用。

四、房地产租赁期内，甲方保证并承担下列责任。
1. 上述房地产符合出租房屋使用要求。
2. 负责对房屋及其附着物的定期检查并承担正常的房屋维修责任。因甲方延误房屋维修而使乙方或第三人遭受损失的，甲方负责赔偿。

3.如需出卖或抵押上述房地产,甲方将提前三个月通知乙方。

五、房地产租赁期内,乙方保证并承担下列责任。

1.如需对房屋进行改装修或增扩设施时,应征得甲方书面同意,费用由乙方自理。

2.如需转租第三人使用或与第三人互换房屋使用时,在取得甲方同意后另行签订合同,并报房屋所在分房地产管理所备案。

3.因使用不当或其他人为原因而使房屋或设备损坏的,乙方负责赔偿或给予修复。

4.乙方将对甲方正常的房屋检查和维修给予协助。

5.乙方将在租赁期届满时把房地产交还给甲方。如需继续承租上述房地产,应提前一个月与甲方协商,双方另签订合同。

六、违约责任

任何一方未能履行本合同规定的条款或违反国家和地方房地产租赁的有关规定,另一方有权提前解除本合同,所造成的损失由责任一方承担。乙方逾期交付房租,每逾期一日,由甲方按月租金额的千分之一赔付。

七、如因不可抗力的原因而使承担房屋及其设备损坏的,双方互不承担责任。

八、本合同在履行中若发生争议,双方应采取协商办法解决。协商不成时,任何一方均可向房地产仲裁委员会申请调解或仲裁,也可向有管辖权的人民法院起诉。

九、上述房地产在租赁期内所需缴纳的税、费,由甲乙双方按规定各自承担。

十、本合同未尽事项,甲乙双方可另行议定,其补充协议经双方签章后与本合同具有同等效力,并报房地产管理所备案。

十一、本合同经双方签章并经房地产租赁管理机关审查批准后生效。

十二、本合同一式五份。甲乙双方各执一份,三份送房地产管理所。

十三、双方约定的事项

_____。

甲方(签名或盖章): 乙方(签名或盖章):

法定代表人:_____ 法定代表人:_____

住址:_____ 住址:_____

联系电话:_____ 联系电话:_____

邮政编码:_____ 邮政编码:_____

委托代理人:_____ 委托代理人:_____

____年____月____日 ____年____月____日

知识3：如何签署房地产代理合同

房地产代理合同即房地产经纪机构及目前单独从业的置业顾问，接受房地产当事人委托，代为办理房地产各类交易手续的业务活动。一般来说，房地产代理合同应包括以下内容。

（1）代理双方的相关资料。
（2）合作方式、范围。
（3）合作期限。
（4）费用负担。
（5）销售价格。
（6）代理佣金及支付措施。

签署房地产代理合同时，一定要包括房地产代理合同所规定的内容。一切相关事宜，都应在签署合同前协商好。以下提供范本作为参考。

 实战范本 ▶▶▶

房地产代理合同

甲方：
乙方：

甲乙双方经过友好协商，根据《中华人民共和国合约法》的有关规定，就甲方委托乙方（独家）代理销售甲方开发经营的项目事宜，在互惠互利的基础上达成以下协议，并承诺共同遵守。

第一条　合作方式和范围

甲方指定乙方为独家销售代理人，销售甲方指定的在_____兴建的"_____"项目，该项目为住宅，销售面积共计_____平方米。乙方代理销售的房屋必须达到95%以上。

第二条　合作期限

1.本合约代理期限为，自____年____月____日至____年____月____日。在本合约到期前，如甲乙双方均未提出反对意见，本合约代理期自动延长____个月。合约到期后，如甲方或乙方提出终止本合约，则按本合约中合约终止条款处理。

2.在本合约有效代理期内，错非甲方或乙方违约，双方不得单方面终止本合约。

第三条　费用负担

本项目的销售场地安排及装修、销售道具、推广费用由甲方支付。

销售工作人员的工资、奖金、福利由乙方支付。

第四条 销售价格

销售基价（本代理项目的平均价）由甲乙双方确定为_____元/平方米，乙方可视市场销售情况征得甲方认可后，有权灵活浮动。甲方所确认的销售价码表为本合约的附件。

第五条 代理佣金及支付措施

1. 代理佣金由以下两个方面组成。

（1）乙方所售"_____"项目总成交价的_____。

（2）乙方现实销售价格超出销售基价部分，甲乙双方按_____比例分成。

2. 代理佣金由甲方以人民币形势支付。

知识4：如何签署房地产居间合同

即房地产居间人为委托人在房地产转让、抵押、租赁等活动中，提供订立合同的信息、咨询或提供代理或策划的服务，委托人支付报酬的合同，又称之为"房地产中介服务合同"。一般来说，房地产居间合同应包括以下内容。

（1）居间双方的相关资料。

（2）合同标的物。

（3）居间方、委托方的义务。

（4）居间服务费。

（5）合同成立及修改。

（6）争议的处理。

（7）违约责任。

签署房地产居间合同时，一定要包括房地产居间合同所规定的内容。一切相关事宜，都应在签署合同前协商好。以下提供范本作为参考。

实战范本 ▶▶▶

房地产居间合同

委托方：_____公司

地址：_____

居间方：_____公司

地址：_____

居间方受委托方委托，双方就居间方向委托方提供有关居间服务、顾问服务等事项，经协商一致，签订本合同。

第一条　合同标的物

居间方向委托方提供土地的转让。

第二条　居间方义务

1.居间方应积极认真地把委托方介绍给项目业主，并及时沟通情况。

2.居间方协助委托方做好该宗土地项目的前期投资策划及沟通工作。

3.居间方应积极努力做好居间介绍，协调有关矛盾，促成委托方与项目业主方签订合资或转让合同。

4.居间方应协助项目当事人做好有关部门对项目的技术指标的审批工作，促成项目成功签约。

第三条　委托方义务

委托方承诺一旦本项目业主与委托方签订项目合资或转让合同，并实际支付土地款项后，委托方即应承担向居间方支付服务费的义务。

第四条　居间服务费

1.居间服务费的标准。委托方与投资方签订的针对本项目整体合资或转让合同总金额（不论何种形式）的_____（居间方开具正式合法发票）。

2.居间服务费的支付办法。委托方与项目业主签订合资或项目转让合同，并实际支付土地款项后（包括订金），居间费按该合同签订的具体价格和付款进度同比例支付。

第五条　诚信原则

1.如果委托方与投资方在本合同委托期内，未能达成合作协议，没有征得居间方的书面同意，委托方不应再与该投资方进行协商并签订合作协议，否则居间方有权请求委托方按本合同第四条支付服务费。

2.如果委托方以相关企业或在_____当地成立的子公司及一切转投资公司的名义与_____（土地项目的业主单位）签订本合同标的物的转让合同，居间方有权请求委托方按本合同第四条支付服务费。

3.本合同的有效期（委托期）为_____天（自本合同签字生效之日起计算）。居间方在此期间必须积极推动本项目业主与委托方进行实质性洽谈，并协助委托方和本项目业主达成实质性成交合同。

4.委托期内委托方未能与项目业主方达成协议时，委托方将不支付居间方任何费用。

5.居间方必须提供真实有效的信息给委托方。如在谈判过程中,委托方发现居间方提供的居间信息中有虚假或不真实的信息时,委托方有权向居间方索取本合同标的物最低成交总金额的居间服务费标准_____%的赔偿。

第六条 合同成立及修改

本合同经双方签字盖章后生效,未经双方书面同意,任何一方不得擅自修改本合同。

第七条 争议的处理

1.本合同受中华人民共和国法律管辖并按其进行解释。

2.本合同在履行过程中发生的争议,由双方当事人协商解决,也可由有关部门调解,协商或调解不成的,按下列第____种方式解决。

(1)提交_____仲裁委员会仲裁。

(2)依法向人民法院起诉。

第八条 违约责任

违约责任按《中华人民共和国合同法》有关条款执行。

本协议共贰页,一式两份,双方各执一份。

委托方(盖章):_____　　居间方:(盖章):_____

法人代表或委托代理人_____　　法人代表或委托代理人_____

联系地址:_____　　联系地址:_____

电话:_____　　电话:_____

_____年____月____日　　　　　　_____年____月____日

签订地点:_____　　签订地点:_____

知识5:如何签署房屋买卖合同

房屋买卖合同即一方转移房屋所有权于另一方,另一方支付价款的合同。转移所有权的一方为出卖人或卖方,支付价款而取得所有权的一方为买受人或买方。一般来说,房屋买卖合同应包括以下内容。

(1)居间双方的相关资料。

(2)甲方土地使用依据及商品房状况,包括位置、面积、现房、期房、内销房、外销房等。

(3)房价。包括税费、面积差异的处理、价格与费用调整的特殊约定等。

(4)付款约定。包括优惠条件、付款时间、付款额、违约责任等。

(5)交付约定。包括期限、逾期违约责任、设计变更的约定、房屋交接与违约方责任等。

（6）质量标准。包括装饰、设备的标准、公共配套建筑正常运转的承诺、质量争议的处理等。

（7）产权登记和物业管理的约定。

（8）保修责任、乙方使用权限。

（9）双方认定的争议仲裁机构。

（10）违约赔偿责任。

（11）其他相关事项、附件，包括房屋平面图、装饰、设备标准等。

签署房屋买卖合同时，一定要包括房屋买卖合同所规定的内容。一切相关事宜，都应在签署合同前协商好。以下提供范本作为参考。

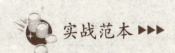 实战范本 ▶▶▶

一手房买卖合同

（合同编号：____）

出卖人：_____
注册地址：_____
营业执照注册号：_____
企业资质证书号：_____
法定代表人：_____联系电话：_____
邮政编码：_____
委托代理人：_____地址：_____
邮政编码：_____联系电话：_____
委托代理机构：_____
注册地址：_____
营业执照注册号：_____
法定代表人：_____联系电话：_____
邮政编码：_____
买受人：_____
【本人】【法定代表人】姓名：_____国籍_____
【身份证】【护照】【营业执照注册号】_____
地址：_____
邮政编码：_____联系电话：_____

【委托代理人】姓名：_____ 国籍：_____
地址：_____
邮政编码：_____电话：_____

根据《中华人民共和国合同法》、《中华人民共和国城市房地产管理法》及其他有关法律、法规的规定，买受人和出卖人在平等、自愿、协商一致的基础上就买卖商品房达成如下协议：

一、项目建设依据

1.出卖人以_____方式取得位于_____、编号为_____的地块的土地使用权。【土地使用权出让合同号】【土地使用权划拨批准文件号】【划拨土地使用权转让批准文件号】为_____。

2.该地块土地面积为_____，规划用途为_____，土地使用年限自_____年____月____日至_____年____月____日。

3.出卖人经批准，在上述地块上建设商品房，【现定名】【暂定名】_____。建设工程规划许可证号为_____，施工许可证号为_____。

二、商品房销售依据

买受人购买的商品房为【现房】【预售商品房】。预售商品房批准机关为_____，商品房预售许可证号为_____。

三、买受人所购商品房的基本情况

买受人购买的商品房（以下简称该商品房，其房屋平面图见本合同附件一，房号以附件一上表示为准）为本合同第一条规定的项目中的以下内容。

1.第_____【幢】【座】_____【单元】【层】_____号房。

2.该商品房的用途为_____，属_____结构，层高为_____，建筑层数地上_____层，地下_____层。

3.该商品房阳台是【封闭式】【非封闭式】。

4.该商品房【合同约定】【产权登记】建筑面积共_____平方米，其中，套内建筑面积_____平方米，公共部位与公用房屋分摊建筑面积_____平方米（有关公共部位与公用房屋分摊建筑面积构成说明见附件二）。

四、计价方式与价款

出卖人与买受人约定按下述第_____种方式计算该商品房价款。

1.按建筑面积计算。该商品房单价为（_____元）每平方米_____元，总金额为_____元。

2. 按套内建筑面积计算。该商品房单价为（_____元）每平方米_____元，总金额为_____元。

3. 按套（单元）计算。该商品房总价款为_____元。

五、面积确认及面积差异处理

1. 根据当事人选择的计价方式，本条规定以【建筑面积】【套内建筑面积】（本条款中均简称面积）为依据进行面积确认及面积差异处理。

2. 当事人选择按套计价的，不适用本条约定。

3. 合同约定面积与产权登记面积有差异的，以产权登记面积为准。

4. 商品房交付后，产权登记面积与合同约定面积发生差异，双方同意按第_____种方式进行处理。

（1）双方自行约定。_____。

（2）双方同意按以下原则处理。

① 面积误差比绝对值在3%以内（含3%）的，据实结算房价款。

② 面积误差比绝对值超出3%时，买受人有权退房。

5. 买受人退房的，出卖人在买受人提出退房之日起30天内，将买受人已付款退还给买受人，并按_____利率付给利息。

6. 买受人不退房的处理原则如下。

（1）产权登记面积大于合同约定面积时。

① 面积误差比在3%以内（含3%）部分的房价款，由买受人补足。

② 超出3%部分的房价款，由出卖人承担，产权归买受人。

（2）产权登记面积小于合同登记面积时。

① 面积误差比绝对值在3%以内（含3%）部分的房价款，由出卖人返还买受人。

② 绝对值超出3%部分的房价款，由出卖人双倍返还买受人。

（3）面积误差比公式。

$$面积误差比 = \frac{产权登记面积 - 合同约定面积}{合同约定面积} \times 100\%$$

（4）因设计变更造成面积差异，双方不解除合同的，应当签署补充协议。

六、付款方式及期限

买受人按下列第_____种方式按期付款。

1. 一次性付款。_____。

2. 分期付款。_____。

3. 其他方式。_____。
七、买受人逾期付款的违约责任
买受人如未按本合同规定的时间付款，按下列第_____种方式处理。
1. 按逾期时间，分别处理（不作累加）。
（1）逾期在_____日之内，自本合同规定的应付款期限的第二天起至实际全额支付应付款之日止，买受人按日向出卖人支付逾期应付款万分之_____的违约金，合同继续履行。

（2）逾期超过_____日后，出卖人有权解除合同。出卖人解除合同的，买受人按累计应付款的_____%向出卖人支付违约金。买受人愿意继续履行合同的，经出卖人同意，合同继续履行，自本合同规定的应付款期限的第二天起至实际全额支付应付款之日止，买受人按日向出卖人支付逾期应付款万分之_____[该比率应不小于第（1）项中的比率]的违约金。

2._____。

八、交付期限
1. 出卖人应当在_____年_____月_____日前，依照国家和地方人民政府的有关规定，将具备下列第_____种条件，并符合本合同约定的商品房交付买受人使用。
（1）该商品房经验收合格。
（2）该商品房经综合验收合格。
（3）该商品房经分期综合验收合格。
（4）该商品房取得商品住宅交付使用批准文件。
2. 但如遇下列特殊原因，除双方协商同意解除合同或变更合同外，出卖人可据实予以延期。
（1）遭遇不可抗力，且出卖人在发生之日起_____日内告知买受人的。
（2）_____。

九、出卖人逾期交房的违约责任
除本合同第八条规定的特殊情况外，出卖人如未按本合同规定的期限将该商品房交付买受人使用，按下列第_____种方式处理。
1. 按逾期时间，分别处理（不作累加）。
（1）逾期不超过_____日，自本合同第八条规定的最后交付期限的第二天起至实际交付之日止，出卖人按日向买受人支付已交付房价款万分之_____的违约金，合同继续履行。
（2）逾期超过_____日后，买受人有权解除合同。买受人解除合同的，出卖人应当自买受人解除合同通知到达之日起_____天内退还全部已付款，并按买受人累计已付款的_____%向买受人支付违约金。买受人要求继续履行合同的，合同继续履行，自本合同第八条规定的最后交付期限的第二天起至实际交付之日止，出卖人按日向买受人支付已交付房价款万分之_____［该比率应不小于第（1）项中的比率］的违约金。

2._____。

十、规划、设计变更的约定

1.经规划部门批准的规划变更、设计单位同意的设计变更导致下列影响到买受人所购商品房质量或使用功能的，出卖人应当在有关部门批准同意之日起10日内，书面通知买受人。

（1）该商品房结构形式、户型、空间尺寸、朝向。

（2）_____。

2.买受人有权在通知到达之日起15日内做出是否退房的书面答复。买受人在通知到达之日起15日内未作书面答复的，视同接受变更。出卖人未在规定时限内通知买受人的，买受人有权退房。

3.买受人退房的，出卖人须在买受人提出退房要求之日起_____天内将买受人已付款退还给买受人，并按_____利率付给利息。买受人不退房的，应当与出卖人另行签订补充协议。

十一、交接

1.商品房达到交付使用条件后，出卖人应当书面通知买受人办理交付手续。

2.双方进行验收交接时，出卖人应当出示本合同第八条规定的证明文件，并签署房屋交接单。

3.所购商品房为住宅的，出卖人还需提供《住宅质量保证书》和《住宅使用说明书》。

4.出卖人不出示证明文件或出示证明文件不齐全，买受人有权拒绝交接，由此产生的延期交房责任由出卖人承担。

5.由于买受人原因，未能按期交付的，双方同意按以下方式处理：_____。

十二、出卖人关于装饰、设备标准承诺的违约责任

出卖人交付使用的商品房的装饰、设备标准应符合双方约定（附件三）的标准。达不到约定标准的，买受人有权要求出卖人按照下述第_____种方式处理。

1.出卖人赔偿双倍的装饰、设备差价。

2._____。

3._____。

十三、出卖人关于基础设施、公共配套建筑正常运行的承诺

1.出卖人承诺与该商品房正常使用直接关联的下列基础设施、公共配套建筑按以下日期达到使用条件。

_____。

2.如果在规定日期内未达到使用条件,双方同意按以下方式处理。

_____。

十四、关于产权登记的约定

1.出卖人保证销售的商品房没有产权纠纷和债权债务纠纷,因出卖人原因,造成该商品房不能办理产权登记或发生债权债务纠纷的,由出卖人承担全部责任。

2.出卖人应当在商品房交付使用后_____日内,将办理权属登记需由出卖人提供的资料报产权登记机关备案。如因出卖人的责任,买受人不能在规定期限内取得房地产权属证书的,双方同意按下列第_____项处理。

(1)买受人退房,出卖人在买受人提出退房要求之日起_____日内将买受人已付房价款退还给买受人,并按已付房价款的_____%赔偿买受人损失。

(2)买受人不退房,出卖人按已付房价款的_____%向买受人支付违约金。

十五、保修责任

1.买受人购买的商品房为商品住宅的,《住宅质量保证书》作为本合同的附件。出卖人自商品住宅交付使用之日起,按照《住宅质量保证书》承诺的内容承担相应的保修责任。

2.买受人购买的商品房为非商品住宅的,双方应当以合同附件的形式详细约定保修范围、保修期限和保修责任等内容。

3.在商品房保修范围和保修期限内发生质量问题,出卖人应当履行保修义务。因不可抗力或非出卖人原因造成的损坏,出卖人不承担责任,但可协助维修,维修费用由购买人承担。

十六、附则

1.本合同在履行过程中发生的争议,由双方当事人协商解决;协商不成的,按下述第_____种方式解决。

(1)提交_____仲裁委员会仲裁。

(2)依法向人民法院起诉。

2.本合同未尽事项,可由双方约定后签订补充协议(附件四)。

3.合同附件与本合同具有同等法律效力。本合同及其附件内,空格部分填写的文字与印刷文字具有同等效力。

4.本合同连同附件共_____页,一式_____份,具有同等法律效力,合同持有情况如下:出卖人_____份,买受人_____份。

5.本合同自双方签订之日起生效。

6.商品房预售的,自本合同生效之日起30天内,由出卖人向_____申请登记备案。

出卖人(签章):　　　　　　买受人(签章):
【法定代表人】:　　　　　　【法定代表人】:
【委托代理人】:　　　　　　【委托代理人】:
(签章)　　　　　　　　　　(签章)
_____年___月___日　　　　_____年___月___日
签于:　　　　　　　　　　　签于:

(商品房买卖合同内容由建设部提供)

附件一:房屋平面图。
附件二:公共部位与公用房屋分摊建筑面积构成说明。
附件三:装饰、设备标准。
附件四:合同补充协议。

实战范本 ▶▶▶

二手房买卖合同

卖方:_____(以下简称甲方)
买方:_____(以下简称乙方)

为房屋买卖有关事宜,经双方协商,订合同如下。

一、甲方自愿将下列房屋卖给乙方所有。

1.房屋状况。按《房屋所有权证》填写。

2.房屋坐落。幢号_____室号_____套(间)数_____;建筑结构_____;总层数_____;建筑面积_____平方米;用途_____。

3.该房屋的土地使用权取得方式。出让_____、划拨_____。

二、甲乙双方商定成交价格为人民币＿＿＿＿＿＿＿元，（大写）＿＿＿＿＿＿＿元整。乙方在＿＿＿年＿＿＿月＿＿＿日前分＿＿＿＿次付清，付款方式：＿＿＿＿＿＿。

三、甲方在＿＿＿年＿＿＿月＿＿＿日，将上述房屋交付给乙方。该房屋占用范围内土地使用权同时转让。

四、出卖的房屋如存在产权纠纷，由甲方承担全部责任。

五、本合同经双方签章，并经市房地产交易管理所审查鉴定后生效，并对双方都具有约束力，应严格履行。如有违约，违约方愿承担违约责任，并赔偿损失，支付违约费用。

六、双方愿按国家规定交纳税、费及办理有关手续。未尽事宜，双方愿按国家有关规定办理。如发生争议，双方协商解决，协商不成的，双方愿向（＿＿＿＿＿＿＿）仲裁委员会申请仲裁。

七、本合同一式四份，甲、乙双方及税务部门各一份，房管部门一份。

八、双方约定的其他事项＿＿＿＿＿＿＿＿＿＿＿＿＿＿＿＿＿＿。

甲方（签名或盖章）：＿＿＿＿＿＿＿　乙方（签名或盖章）：＿＿＿＿＿＿＿
监证机关：＿＿＿＿＿＿＿＿＿
代理人（签名或盖章）：＿＿＿＿＿＿　代理人（签名或盖章）：＿＿＿＿＿＿＿
＿＿＿＿年＿＿＿月＿＿＿日　　　　＿＿＿＿年＿＿＿月＿＿＿日

知识6：如何签署房屋保险合同

房屋保险合同即投保人和保险公司就房屋保险事宜所签订的合同，由投保人向保险公司支付保险费，而保险公司对房屋所遭受的特定毁损给予经济补偿。

一般来说，房屋保险合同应包括以下内容。

（1）合同主体。房屋保险公司的当事人（主体）包括投保人和保险人。

（2）合同标的。房屋保险合同的标的就是所要保险的房屋。

（3）保险金额。房屋保险合同必须订明房屋的保险金额。

（4）保险责任范围。即保险人承保的范围。

（5）双方的权利、义务。

签署房屋保险合同时，一定要包括房屋保险合同所规定的内容。一切相关事宜，都应在签署合同前协商好。以下提供范本作为参考。

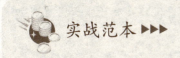 实战范本

房屋保险合同

第一条 保险标的

本保险标的是指一次性付款，或抵押贷款购买的产权房屋和购房合同中载明的配置设备。

第二条 不保财产

购房后装、购置的附属于房屋的财产和室内财产不在保险范围。

第三条 保险责任

1.保险赔偿责任。保险标的由于下列原因造成的损失，本公司负保险赔偿责任。

（1）火灾、爆炸。

（2）暴风、暴雨、雷击、冰雹、洪水、泥石流、地面突然塌陷、山体突然滑坡。

（3）空中运行物体坠落，及外来的建筑物和其他固定物体的倒塌。

2.在发生上述灾害或事故时，为防止事故蔓延，或减少损失所采取的必要施救措施造成保险房屋的损失，为此支付的合理费用。

第四条 责任免除

保险标的由于下列原因、未列明的原因所造成的损失和费用，本公司不负赔偿责任。

（1）战争、军事行动或暴乱。

（2）核辐射或污染。

（3）被保险人、房屋所有人、使用人、承租人、代看管人或其家庭成员的故意行为。

（4）保险标的因设计错误、原材料缺陷、工艺不善等内在缺陷、自然磨损造成的损失和产生的费用。

（5）保险标的在正常保养、维修项目下发生的损失和费用。

（6）地震所造成的一切损失。

（7）由于政府行为所致的损失。

（8）其他不属于保险责任范围的损失和费用。

第五条 保险期限

1. 一次性付款购买的产权房屋，其保险期限自保险合同约定之日零时起至保险期满二十四时止，最长以5年为限。

2. 以抵押贷款方式购买的产权房屋，其保险期限与贷款合同期限相同，最长以20年为限。

第六条　保险金额和保险费

1. 保险金额。保险金额为房屋每平方米售价乘以购房总面积，或按合理的评估价格，或双方约定价格确定。

2. 保险费。投保人在办理投保手续后，应一次缴付保险费。

保险费计算公式为：总保险费＝保险金额×保险费率×缴费系数（Fn）。

第七条　被保险人义务

1. 被保险人应采取必要、合理的措施保护保险标的的安全，并按照公安、消防等有关部门的要求，切实做好各项防灾安全工作。

2. 在保险期限内，保险标的被转卖、转让或赠与他人，或保险标的的危险程度增加时，应在＿＿＿＿日之内通知保险公司，并办理批改手续。

3. 保险标的遭受保险责任范围内的损失时，被保险人应当尽为抢救，立即向公安或消防部门报案，并在24小时内通知保险公司。

第八条　赔偿处理

1. 被保险人在向本公司申请赔偿时，应提供保险单、出险通知书、损失清单以及必要的单证和有关部门的证明。本公司接到上述申请后，根据保险责任范围，核定损失金额并按本保险公司合同的规定在扣除免赔额后赔付。

2. 在发生保险责任范围内的损失时，保险标的如有抵押，保险赔款支付给投保人指定的受益人，保险标的无抵押，保险赔款支付给被保险人。

3. 保险标的遭受保险责任范围内的损失时，按以下方式计算赔偿金额。

（1）实际损失相当于或超过保险金额，按保险金额赔付。

（2）实际损失小于保险金额，本公司只负责修复费用，以受损保险标的基本恢复到受损前的修复费为限，且不得超过保险金额；保险金额低于出险时的实际价值，按保险金额与出险时的实际价值的比例乘以修理费用计算赔偿。

（3）对合理的施救费用，或按照被保险人家庭财产与保险标的出险时的实际价值进行的施救费用的分摊，按实际费用金额赔偿，但最高不超过保险金额。

4.在每一保险年度内，保险标的遭受保险责任范围内损失经赔偿后，由本公司出具批准扣减有效保险金额；如果一次或累计赔偿金额达到保险金额时，本保险年度内保险责任即行终止。经投保人申请，并按本规定补交保险费后，恢复保险责任及原保险金额，保险金额恢复为原保险金额，今后年度保险责任自然恢复，保险金额恢复为原保险金额。

5.保险标的发生保险责任范围内的损失，如果根据法律规定或者有关约定，应当由第三方负责赔偿的，被保险人应以书面形式向第三方提出赔偿要求。根据被保险人申请，本公司可以按照本条款有关规定先予赔偿，但被保险人必须将赔偿权益转让给本公司，并协助本公司向第三方追偿。

6.自保险标的遭受保险责任范围内的损失当日起，被保险人两年内不向本公司申请赔偿即作为自愿放弃索赔权益。

第九条 保险合同的解除和终止

1.在保险期限内，若被保险人提出解除保险合同，需向本公司提出书面申请，经本公司同意后，本保险合同方可解除，并按未到期保险费的__%退还投保人。

2.被保险人不履行本条款规定的义务，或在索赔时隐瞒重大事实，或有欺诈行为时，本公司有权拒绝赔偿或从书面通知之日起_____日后终止保险责任。

第十条 争议处理

被保险人与本公司之间的一切有关本保险的争议应通过友好协商解决。如果协商不成，可申请仲裁或向法院提起诉讼。除事先另有协议外，仲裁或诉讼应在被告方所在地进行。

知识7：如何签署住房抵押借款合同

住房抵押借款合同即在居民住房抵押贷款业务中，借款人和贷款机构所签订的书面合同，其包括抵押合同和借款合同两部分。

1.住房抵押合同的内容

住房抵押合同应包括以下内容。

（1）被担保的主债权种类、数额。

（2）债务人履行债务的期限。

（3）抵押物的名称、数量、质量、状况、所在地、所有权权属或者使用权权属。

（4）抵押担保的范围。

（5）抵押双方认为需要约定的其他事项。

2.住房借款合同的内容

住房借款合同应包括以下内容。

（1）贷款种类和用途。

（2）贷款的金额和利率。

（3）贷款的期限和还款方式。

（4）合同的变更和解除。

（5）违约责任。

签署住房抵押借款合同时，一定要包括住房抵押借款合同所规定的内容。一切相关事宜，都应在签署合同前协商好。以下提供范本作为参考。

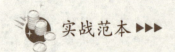

实战范本 ▶▶▶

住房抵押合同

抵押人（借款人）：_____

抵押权人（贷款银行）：_____

抵押人因购买自住住房向抵押权人申请借款，并将所购有权处分的住房抵押给抵押权人，保证按月还款。抵押权人经审查，同意向抵押人发放贷款。为明确各自的权利、义务，根据中华人民共和国的有关法律、法规和房地产抵押办法，双方经过协商，订立本合同，共同遵守。

一、本合同与借款合同的关系

_____。

二、合同签署的时间

1.抵押人与抵押权人于__年__月__日签订个人住房公积金借款合同，编号_____，借款金额人民币（大写）_____，借款期限_____年。

2.抵押人与抵押权人于__年__月__日签订个人住房商业性借款合同，编号_____，借款金额人民币（大写）_____，借款期限_____年。合计借款金额人民币（大写）_____。

三、抵押物及其担保范围

本合同中的抵押物是指抵押人所合法拥有并经抵押权人认可的房地产，其内容如下：

1. 房屋坐落：_____区（县）_____街道（镇）_____路（新村）_____弄_____支弄_____号_____室。
2. 房屋类型：_____。
3. 房屋结构：_____。
4. 建筑面积：_____。
5. 房地产价值：_____。
6. 房地产权证编号_____。
7. 购房合同编号：_____。

上述抵押物担保范围包括本合同第一条所列借款金额及利息、罚息、违约金、赔偿金等。

四、抵押物的占管和责任

1. 在抵押期间，抵押人占有抵押物，有义务妥善保管抵押物，保持抵押物完好无损。如果抵押物人为毁损、灭失及发生其他使抵押物价值减损的情况时，抵押权人有权要求抵押人修复抵押物，或在_____天内重新提供相应的经抵押权人认可的其他等值抵押物。

2. 抵押期间，未经抵押权人书面同意，抵押人不得自行以转让、交换、赠与、出租、再抵押等方式处分抵押物。擅自处分抵押物的，其行为无效。

3. 抵押权人有权检查由抵押人占管的抵押物。

五、合同公证

抵押权人、抵押人自本合同签订之日起的__日内，向公证部门办理合同公证，费用由抵押权人负担。

六、抵押物的保险

1. 抵押人应按贷款期限和规定的保险险种，对抵押物进行投保，保险金额不得少于购房总价款，保险期限不短于借款期限，保险费用由抵押人支付。保险单须注明抵押权人为保险赔偿金的第一受益人。保险单正本由抵押权人执管。

2. 抵押人确认，如抵押物发生保险责任范围以外的人为毁损，均由抵押人负全部责任。

七、抵押登记和抵押注销

1.抵押期间,抵押当事人双方应向房地产登记部门办理抵押登记手续,申领抵押登记证明,连同抵押人的购房合同正本交抵押权人保管。

2.住房交付使用后,在抵押人委托售房单位或中介机构申领《房地产权证》和《房地产其他权利证明》后,应将《房地产权证》和《房地产其他权利证明》交给抵押权人。购房合同正本、《房地产权证》和《房地产其他权利证明》必须由抵押权人执管。

3.抵押登记的费用由抵押人负担。

4.抵押期间终结后,抵押当事人双方向原房地产登记部门办理抵押注销手续,并由抵押权人将购房合同正本、保险单正本退还抵押人,《房地产权证》、《房地产其他权利证明》交房地产登记部门办理抵押注销手续。

八、抵押物的处分

1.抵押人不履行债务时,抵押权人有权依照规定以该抵押物折价或以拍卖、变卖该抵押物所得的价款优先受偿,超过债权数额的部分,归抵押人所有,不足部分由抵押人清偿。

2.有下列情形之一,抵押权人有权处分抵押物。

(1)抵押人连续六个月没有偿还贷款本息和相关费用的。

(2)借款合同履行期限届满,借款人未能清偿债务的。

3.处分抵押物所得价款的分配顺序。

(1)支付处分抵押物所需的费用、有关的税额。

(2)清偿抵押人所欠抵押权人借款金额及利息、罚息、违约金、赔偿金等。

(3)多余部分退还抵押人,如有不足则向抵押人追索。

九、抵押当事人保证

1.抵押人保证。

(1)遵守国家法律、法规和_____市有关房地产管理、抵押的有关规定。

(2)保证履行借款合同和本合同中所规定的一切义务。

(3)保证抵押物不存在任何争议。

(4)因违约而导致处分抵押物时,愿意接受司法机关的强制执行措施,无条件自找住房或接受其他方式的安置。

(5)保证本抵押物所有的共有人都同意本抵押物的抵押。

（6）抵押物共有人保证共有人同意该住房价值全额。

抵押物共有人_____（签字）_____（盖章）

抵押物共有人_____（签字）_____（盖章）

抵押物共有人_____（签字）_____（盖章）

2.抵押权人保证。

（1）遵守国家法律、法规和_____市房地产管理、抵押的有关规定及抵押贷款的规章。

（2）按借款合同约定向抵押人提供贷款。

（3）抵押人因隐瞒抵押物存在共有、争议、被查封、被扣押或已设定抵押权等情况而给抵押权人造成经济损失的，应向抵押权人支付借款合同项下贷款金额____%的违约金，违约金不足以弥补抵押权人损失的，抵押人还应就不足部分予以赔偿。

十、合同纠纷的处理

在履行合同期间发生争议，双方应协商解决。协商不成时，抵押当事人可依法向抵押权人所在地的人民法院提起诉讼。

十一、附则

1.本合同正本一式四份，抵押权人、抵押人、公证部门、房地产登记部门各执一份。副本按需确定。

2.本合同自房地产登记部门办理抵押物登记、发给抵押登记证明之日起生效，至全部债务清偿完毕后终止。

十二、其他约定事项

_____。

抵押人：_____   抵押权人：_____

（借款人）   （贷款银行）

住址：_____   地址：_____

授权代理人：_____ 法定代表人：_____

开户银行：_____

账号：_____

签署地点：_____

____年____月____日

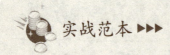 **实战范本**

住房借款合同

贷款人（甲方）：_____
借款人（乙方）：_____

甲方与乙方根据有关法律、法规，在平等、自愿的基础上，为明确责任、恪守信用，签订本合同。

一、贷款金额、期限及利率

1.甲方根据乙方的申请，经审查同意向乙方发放住房贷款（以下称贷款），金额为_____人民币（大写）（小写）。

2.贷款用于乙方购买坐落于_____市（县）____区（镇）_____路（街）_____号_____房间的现（期）房物业，建筑面积_____平方米。乙方不得以任何理由将贷款挪作他用。

3.贷款期限为_____个月。自_____年_____月_____日起至_____年_____月_____日止。

4.贷款利率根据国家有关规定，确定为每月总千分之_____利息，从放款之日起计算。如果遇国家贷款利率调整，则按规定执行，甲方不再另行通知乙方。

5.乙方应按期偿还贷款本息，如果未按约定的时间归还，则甲方将按国家规定对逾期贷款每日计收万分之____罚息。

6.乙方不按期支付贷款利息时，甲方对乙方未支付的利息计收复利。

7.乙方需提前还款的，提前还款额应为当期应付本息的整倍数，并在还款之日前书面通知甲方，经甲方确认后即为不可撤销，并作为修改本合同的补充通知。

8.乙方如一次性提前归还全部贷款本息，甲方则不计收乙方提前还款部分的贷款利息。

9.除非下列事项已在甲方感到满意的情况下获得完满解决，否则甲方有权在任何一项或多项事情发生时，宣布本合同提前到期，要求乙方立即提前偿还部分或全部贷款本息（包括逾期利息），而无需为正当行使上述权利所引起的任何损失负责：

（1）乙方违反本合同的任何条款。

（2）乙方本人因丧失民事行为能力、被宣告失踪、被宣告死亡或死亡而无继承人或受遗赠人。

（3）乙方的继承人，或受遗赠人或财产代管人拒绝为乙方履行偿还贷款本息的义务。

（4）乙方连续三个付款期，或在本合同期内累计六个付款期未按时偿还贷款本息。

（5）乙方发生其他可能影响归还甲方贷款本息的行为。

二、合同的变更

1.乙方如要将本合同项下的债务转让给任何第三人，应经甲方书面同意，在受让人和甲方重新签订借款合同前，本合同继续有效。

2.甲、乙双方若一方需变更本合同条款，均须书面通知对方，经双方协商一致，达成书面意见，同时征得担保人书面同意。

三、争议的解决

1.如因履行本合同而产生任何纠纷，双方应友好协商解决，协商解决不成时，由甲乙双方共同选择下列方式之一解决

（1）提交_____所在地人民法院诉讼解决。

（2）提交_____仲裁委员会裁决。

2.争议未获解决期间，除争议事项处，各方应继续履行本合同规定的其他条款。

四、费用及其他

1.与本合同有关的费用及实际支出，其中包括（但不限于）法律手续费、公证费、房产过户手续费及其他相关税费，全部由乙方负责支付。

2.乙方如不依本合同的规定付足应付的任何款项、费用，使甲方决定以任何途径或方式追索，一切由此而引起的费用由乙方负责；甲方为保障本身利益先行垫付的费用，甲方有权随时向乙方追讨，并从甲方实际支付之日起计收活期存款利息。

3.甲、乙双方商定的其他条款

（1）实际贷款金额、贷款期限、贷款利率以借款借据为准。

（2）_____。

（3）_____。

五、附则

1.本合同一式____份,具有同等效力,由_____各执一份。

2.本合同由甲、乙双方共同签字盖章。

贷款人住所:_____　　借款人住所:_____

电　话:_____　　身份证号码:_____

传　真:_____　　存款账号:_____

邮政编码:_____　　电　话:_____

邮政编码:_____

甲方(公章)　　　　　　　　　　乙方(签章)

负责人(签字)

____年____月____日　　　　　　____年____月____日

课后小结

怎样?通过本节课的学习,一定有收获吧?现在请写出你的小小学习心得:

📝 每日小结

今日进步：

1. _____
2. _____
3. _____
4. _____

今日反省：

1. _____
2. _____
3. _____
4. _____

心态训练	➡ 做到打 √ 未做到打 × 写出改进承诺： _____ _____ _____	☐ 积极　☐ 勤奋　☐ 诚信 ☐ 认真　☐ 坚持　☐ 宽容 ☐ 负责　☐ 创新　☐ 微笑 ☐ 优先顺利　☐ 好学　☐ 热忱 ☐ 马上做　☐ 谦逊　☐ 整洁 ☐ 日清日新　☐ 分享　☐ 适度

第九课　签署合同

03 第三日
深度培训

第一课　了解客户

第二课　客户面谈

第三课　避免带客看房错误

第四课　促成交易

第五课　客户档案管理

第六课　问题处理

第七课　网络营销

第三日 深度培训

星期：_____ 日期：_____ 天气：_____

—— 每日诵读 ——

1. 日清日新！
2. 我是负责任的！
3. 我每天都有新的进步！
4. 决不，决不放弃！
5. 我的成功来自于马上行动！

—— 每日目标 ——

1. _____
2. _____
3. _____
4. _____
5. _____

序号	时间	今日优先事项	期限

小Q有点烦：实践中，真是问题多多

昨天跟着主管跟了一天，今天就要"走马上任"了，小Q这心里还"七上八下"的，这不，果真被自己不幸言中。真的是"有惊无险"地过完了"独自应战"的一天。下班了，小Q终于可以歇口气，一个人坐在员工休息室。

老Q："小Q，下班了还不回家休息？"

小Q："主管，我想歇歇再走。"

老Q："这么累，看你现在无精打采的。"

小Q："昨天看着你挺轻松的，没想到我自己却……"

老Q："小伙子，别灰心，你做得挺好的，还在为下午那件事烦心？"

小Q："你说，客户问我的问题我竟然答不上来，让客户非常的不满意，都直接投诉到经理那儿去了。"

老Q："没事儿，事情最后都解决了，下次你要做好各项准备工作，相信下次就好了。"

小Q："可是，谁知道以后还会遇到哪些问题呀！要不，主管你给我讲讲。"

老Q："这都是我的失误，本来昨天就应该把一份资料给你，里面有很多常见问题的应对方法，我现在去取来给你，回家好好看看。"

小Q："好的，真是谢谢主管了。"

老Q："看你说话客气的，不懂的随时来问我，我相信你的实力。"

小Q："那我就先回家了，不耽误你的时间了。"

小Q："……"

第一课 了解客户

课前导引

"知己知彼,百战不殆"置业顾问必须充分了解客户,因为客户是置业顾问工作的核心。分析不同类型的客户,从而把握好不同类型客户的心理,对置业顾问制定客户对策有着至关重要的作用。

知识1:怎样对客户分类

对客户分类可以采取多种分类方法,方法不同,分出的客户类型当然也就不同,这里列出7种主要的分类方法,具体见表3-1。

表3-1 客户的分类

方法	客户类型
按群体	游客、小商铺、写字楼、居民区、机关
按年龄层次	青年、中年、老年
按社会地位	工薪阶层、知识分子、小商人、其他成功人士
按区域	本地人、内地人、外籍人、港澳同胞
按亲情	小夫妻、朋友、海外亲戚、老夫妻
按动机	投资、居住、赠亲友、自我满足、商住两用
按购买史	新客户、老客户

知识2:怎样分析客户因素

细分客户群体之后,还要分析各群体自身的客观因素,这样有助于置业顾问针对不同客户的不同条件采取不同的推销手段,从而达成交易目的。客户自身因素主要有以下4个方面。

1.家庭结构

家庭结构在很大程度上决定了客户需不需要买房、有没有必要买房,如果客户暂时还是单身,那就只能是储备客户了。

2.决定权

决定权在谁手上,意味着你的工作核心就是谁,因为拥有决定权的人才是买房的真正主人,把他的工作做好了,交易也就很快达成了。

3.经济实力

经济实力决定客户所买房的档次,在中国,孩子教育是第一位的,如果可以给孩子提供一个好的教育环境,就有希望与这个客户达成交易了。

4.喜好

客户爱好决定客户所买房的类型,如果手中只有几套深处密集闹市的房子,而眼前的客户又喜好运动,那你还是省点力气想办法另寻目标吧!

知识3:怎样摸清客户性格

了解客户性格有助于置业顾问采取不同的客户对应方案,客户性格一般有理智型、贪婪型、吝啬型、刁蛮型、关系型与综合型几种,其对应方式各不相同,具体见表3-2。

表3-2 客户性格特点及应对方式

性格类型	特点	应对方式
理智型	工作细心、负责任、办事理智、有原则、有规律,选择供应商时不带关系与感情色彩	直观展现产品的优劣势,坦诚、直率的交流
贪婪型	关系复杂,做事目的性强,压价厉害,质量与服务要求高,会主动要求、接受贿赂	保持心灵沟通,给对方安全感、保密感,保证质量、价格与服务,可适当加收税收
吝啬型	重价格甚于质量	说明产品特点与企业优势,不必花太多时间
刁蛮型	不苛求价格与质量,表现得很有信誉与实力,设陷阱干扰操作然后紧抓把柄	理智、主动、不被表象迷惑,按程序操作
关系型	先有朋友关系后有业务交往	原则分明,帮忙与生意分清,态度明确
综合型	老到、社会经验丰富,关系网复杂	以静制动

知识4：了解客户有何技巧

当我们接触到一个可能成为客户的人时，必须确定他是否具有真实的购买欲望和购买能力，通过对以下三个方面的了解，可以减轻成交时的波折，如图3-1所示。

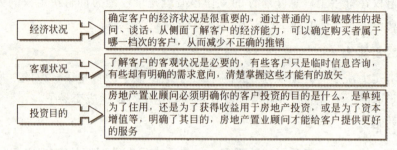

图3-1　了解客户技巧

知识5：宏观调控下刚需购房者有何心理变化

楼市调控下，房子究竟该买还是不该买？不少购房者都感到犹豫不决，刚需购房者的心理也在悄悄发生变化。

有的刚需购房者认为现在政府延续对房地产市场的宏观调控，房价还将持续走低，现在购买还不是最好的时机，即使是刚性需求，在没有一些硬性的外界条件催促的情况下，也还可以再等一等，等到房价更低一些再说，毕竟可以在一定程度上减少自己的负担。

有一部分则认为，房子是买来住的，不是用来投资的，价格涨与跌基本与他无关，虽然房子掉价了，但他们依然感觉很幸福，并且这是无法用金钱来衡量的。这一类刚需群体认为只要房价在他们可承受的范围内，自己感觉这个价位还算合理，而且住宅的户型、区位、具体朝向等令他们满意就行。他们并不在意多花点钱，这一类虽然也是刚需，但也有较强的幸福感。

还有一部分就是人们常说的"丈母娘需求"。他们本身可以再等一等，但由于丈母娘的硬性要求，不得不购买。这一类刚需客户的刚需指数最强。人们通常认为刚需客户是都是置业类别中属于中低端层次的这一类，及一些工薪阶层或普通白领，其实还有一类容易被人们忽视的那就是最高端的购房群体，他们具有充足的资金，对住房品质具有相当高的要求，同时对高品质的住宅有极高的购买欲望。这一类属于刚需群体里较为特别的一类，他们不管现行国家对房地产市场的宏观调控有多么厉害，一旦发现符合自己高品质要求的住宅便会很快下手，可以称之为"高端的刚性需求"，但毕竟这一类的购房者人数不多，只占刚需购房群体的一小部分。

知识6：宏观调控下改善型购房者的心理有何变化

目前，房价适度回落，加之市场整体回暖，因而这类需求热情被激发，对于改善型置业者来说，购房目标应相对明确，性价比才是关键。

改善型购房者大多是具有一定购房经验的人群。改善型购房者不但会考虑房屋面积、格局、实用性、小区环境，也会注重交通、学校、商场、医院等生活配套设施。改善型购房者更清楚自己对房屋各方面的需求，是在第一套住房的基础上选择更适合自己的房屋，属于针对首次购房，更加扬长避短的选择。改善型购房者在置业时相比其他类型应考虑的更加全面。

1.迫切型换房者

迫切型换房者一般对房子的位置、品质要求都很高，他们喜欢的房子在市场上也比较"抢手"，所以这类购房者要遵循一个原则：看中了，该出手时就出手。不过，卖房换房是一种技术活，要看时机，还得仔细把好交易中的每一关，考验的是购房者的经济条件、承受能力，以及应对突发情况时的资金调度能力。在准备换房前，应该要把每一个交易步骤都好好地盘算一遍，没有问题了再出手。

2.有换房想法一族

有换房想法一族的购房者，喜欢逛中介、逛售楼处，看地段、看配套、看价格，这一类改善型置业者在选房时显得格外淡定，因为有一套房子在手，其购房需求并不如刚需置业者那么迫切。许多人想着"以价换量是大趋势，房价应该还是会下行，所以还想再观望一阵子"。现阶段有换房想法一族的购房者还是以看为主，准备遇到合适的再购买。

知识7：宏观调控下投资型购房者的心理有何变化

限贷、限购、加息……自去年以来，房地产宏观调控领域的"关键词"不断为购房者所熟悉。轮番出台、日益趋紧的楼市调控政策，影响的不仅仅是开发商，还有购房者。

受新政影响最大的，还是那些"炒房族"。目前，部分投资客已开始淡出楼市，改做别的生意。目前已经有很大一部分投资客选择放弃交易，规避自己的投资风险，把资金转向不受限制的领域。

投资型购房者，顾名思义，投资回报率是最重要的。买房投资，讲求的是位置和性价比，投资性客户在经济上比较宽裕，但在现阶段国家政策严厉调控下，投资型购房者应该会更加谨慎，眼光长远。在当前市场情况下，追求短期回报率是不现实的，看准房子区域的长远发展和规模才是更明智的选择。地铁、交通、金融、教育等未来发展趋势佳的区域才是更好的投资地段。

知识8：不同家庭购房阶段有何特征

处于不同阶段家庭，具有不同的购房特点，因此置业顾问可以以客户买房时所处的家庭阶段，为其推荐合适的产品。

1. 单身阶段

处于单身阶段时年轻、单身，几乎没有经济负担，新消费观念带头人，但普遍没有雄厚的经济基础，多数是公寓的租买者。

2. 新婚阶段

年轻夫妻，无子女，经济条件比未来几年要好，购买力强，对耐用品、大件商品的期望要求强烈，对小户型购买需求强。

3. 满巢阶段

（1）年轻夫妻，有6岁以下子女。家庭用品购买的高峰期。不满足现有的经济状况，注意储蓄，购买较多儿童用品，购买住房能力低，租赁较多。

（2）年轻夫妻，有6岁以上子女。经济状况较好，购买趋向理智型，受广告及其他市场营销刺激的影响相对减少，注意档次较高的商品及子女的教育投资，职位上升较快，有较好的能力调整住房到更大更高档次。

（3）年长夫妻与尚未独立的成年子女同住，经济状况仍然较好，伴侣或子女皆有工作，注意储蓄，购买理智、冷静，住房储蓄购买力已达高峰。

4. 空巢阶段

年长夫妻，子女自立，前期收入较高，购买力达到高峰，住房购买力已释放大部分，较多购买老年人用品，对医院等配套设施依赖性增强，后期退休收入减少。

5.孤独阶段

单身老人独居,收入锐减,特别注重情感沟通,关注安全保障,看重社区人事因素,怕被社会冷落。

课后小结

怎样?通过本节课的学习,一定有收获吧?现在请写出你的小小学习心得:

_____
_____

第二课 客户面谈

课前导引

在有些置业顾问看来,电话沟通之后等待客户上门就行了。但是大批中介公司的兴起使得信息保密性变得越来越差。要想获得客户,置业顾问必须学会直面出击,不过出击必须掌握好时机,欲速则不达。

知识1:什么时机是接近客户的最佳时机

1.事先约定的时间

有些客户有比较强烈的买房心态,房地产置业顾问可在电话中提出约见时间与地点。地点一般为比较安静的地方,比如说茶馆(四川人习惯)、公园、酒店等地方,最好不要选择业主所在地点,以防业主与客户私下沟通,时间最好为周末。

2. 客户过生日或者聚会

有些客户对于买房还存在观望状态，对于这类客户的约见可以选择该客户过生日、小孩满月等时机去拜访客户，去时最好带上礼物，有小孩的客户须给小孩准备一些玩具之类东西，小孩如果满意，你的成功几率会增加许多。可以在这个时间内给客户讲一些业务范围之类的知识，如果这次客户意向还是不坚决，没关系，只要你介绍了，客户就记得你了。

3. 注意选择空余时间

如果不是空闲时间，客户是懒得理你的，所以在拜访客户时，须根据不同的客户挑选不同的时间，才不会引起反感。

知识2：何时与客户沟通是最佳沟通时机

1. 当客户长时间凝视某个地方时

一般来说，在举办大型的二手房销售活动时客户比较多。当看到有客户驻足观看或是很出神地观看房产模型、介绍书时，房地产置业顾问可抓住时机接近该客户，因为他很有可能就是为了买房子而来的。

2. 当客户注视资料或房源图纸一段时间

如果客户注视资料或房源图纸一段时间，偶尔四处张望，那他很可能是在寻求帮助，这时，房产置业顾问要热情地同客户打招呼并主动展开话题。

3. 当客户突然停下脚步时

与客户一起行走时，客户突然停下脚步，则表示他正在思考某个问题，这时，房地产置业顾问可乘机引入话题。

4. 当客户寻求房地产置业顾问帮助时

如果有客户向置业顾问寻求帮助，那对于置业顾问来说简直是天赐良机，只要置业顾问表现诚恳，这笔交易就能轻易到手了。

知识3：面谈时观察客户有何技巧

观察是一门艺术，在与客户的面谈中，房地产置业顾问要学会观察客户的反应，从而不断地从客户那里接收到各种不同的信息，促使面谈的顺利进行。观察客户要注意技巧，一般要注意以下4个方面，见表3-3。

表3-3 观察客户的技巧

序号	观察点	内容
1	客户是否倾听	面谈中，如果客户的眼睛正视你或仔细观察房子，那就代表客户对你推荐的房子有兴趣，是一个正向的购买信号，反之则是反向警讯
2	客户的身体语言	若客户身体向前与你靠近40厘米，谈话一段时间后进入深思状态，则该客户进入考虑购买阶段，若客户不断变换姿势，则是反向警讯
3	客户的问题与要求	若客户不断提出问题，则表示对房子很有兴趣，房地产置业顾问要辨识问题中所代表的购买信号，然后针对问题给予专业性解说，同时做好交易准备
4	第三者的信号	若客户与第三者商量时表现出愉快的气氛，则是正向的购买信号，反之则是反向警讯

知识4：与客户面谈时如何揣摩客户

观察客户后进一步揣摩客户的心理，有助于房地产置业顾问掌握客户的特点和动机，从而能够在推介房源的时候做到有的放矢，提高成交的概率，具体见表3-4。

表3-4 揣摩客户心理的要点

序号	揣摩点	内容
1	性格	揣摩客户的性格，有助于击破客户的心理防线，客户态度强硬，则需要房地产置业顾问的肯定和引导，客户态度细致则客户置业顾问要更细致，客户犹豫不决时要协助客户做决定
2	经济实力	从客户的着装、配饰、使用的交通工具等来判断他的经济能力，清楚了客户的经济实力可以使房地产置业顾问的建议更显专业，介绍更切中他的承受能力，有助于客户感觉轻松和安全，并对自己的购买行为增强信心
3	感情世界	与客户的交往实际上也是心灵的交往，要学会用心灵、真情赢得客户的尊重和好感，揣摩客户的感情世界有助于房地产置业顾问找到一种客户所喜欢的姿态或形象去与他接触，在短时间内取得他的好感和信任

知识5：与客户面谈时如何倾听

了解客户要从"听"开始，从倾听中知悉客户言行的动机及观念，洞察客户"话中有话"的真正心声。而要学会"听"，首先就要端正自己的态度，端正态度可从以下5个方面入手，见表3-5。

表3-5 端正态度的要点

序号	倾听态度	内容
1	心无旁骛	与客户沟通时要放下手头的工作，专心地听、心无旁骛地听，让客户感到被尊重，这样才能进行有效的沟通
2	衷心接纳	当客户告诉你他买房子是因为他身边的很多同事、朋友都买了，他如果不买的话会被人看不起时，你千万不要觉得好笑，无论客户向你倾诉什么，作为房地产置业顾问，都要首先做到设身处地为客户着想，让客户感受到你对他的尊重和接纳，让客户容易接受你
3	听事实听情感	倾听不仅要听清客户讲话的内容，还要给予客户好的感觉，对房地产置业顾问来说，不仅要听出客户传递的真实内容，更要听出客户传达的内心情感
4	耐心	听话不能只听一半，否则很容易伤害对方的自尊和感情，作为房地产置业顾问，耐心倾听客户的话，就是告诉客户"您是一个值得我倾听你说话的人"，这在无形中提高了对方的自尊心，加强彼此的感情交流，为最后的成功创造和谐融洽的环境和气氛
5	设身处地	认真地听很重要，但要真正理解客户所说的内容，就必须用心和脑，站在对方的利益上去听、去理解，用心地听、设身处地地听，就能想客户之所想，急客户之所急，必定能取得客户的欢心

知识6：与客户面谈时应怎样发问

提问需要掌握一定的技巧。有技巧的提问能够引发客户较深入、详尽地回答我们的问题，我们也能够从中获得更多的信息，更有利于推动洽谈的进展，促使交易成功。表3-6列出了8个发问的技巧，以供参考。

表3-6 发问的技巧

序号	倾听态度	内容
1	把握好提问的前奏	如果你打算提出客户可能不愿回答的敏感问题，运用一个前奏就能有望改变客户的想法，让他知道回答你的问题是必要的，比如，提问客户的资金预算时，可以加一个这样的前奏："为了给您推荐一套最适合的房子，我想知道您大概能够接受的价格水平是在哪个范围？"

续表

序号	倾听态度	内容
2	以肯定的语气开头	洽谈时用肯定句提问,提出一个令客户感到惊讶的问题,是引起客户注意和兴趣的可靠办法,或者是把你的主导思想先说出来,在这句话的末尾用提问的方式将其传递给客户,如果运用得当,说的话符合事实而又与客户的看法一致,就会引导客户说出一连串的"是",直至成交
3	从一般性问题逐渐深入	询问客户时先从一般性的简单问题开始,逐层深入,以便从中发现客户的需求,创造和谐的推销气氛,为进一步销售奠定基础
4	提出明确的问题	提问要避免提过于复杂、冗长的问题,要简单明了,不啰唆、拖泥带水,很容易被客户理解和回答
5	客观性地提问题	提问的主要目的是了解客户的真实想法,而不是诱使客户做出某种承诺或强迫客户接受我们的想法,所以,提的问题必须具有客观性,不被自己的主观意志所支配
6	用温和肯定的语气提问	提问的语气不同,对方的反应就不同,得到的回答也就不同,所以,房地产置业顾问在向客户提问时要特别注意自己的语气,尽量温和友善
7	适当地保持沉默	与客户沟通时,适当的沉默也是十分必要的,向客户提问后,保持一小段时间的沉默,正好能给客户提供必要的思考时间,从而促进谈话的顺利进行
8	反问能够扭转局面	如果客户提出的问题让你不知道怎样回答,这时你可以选择实事求是,切忌不懂装懂,或者反过来提问客户,让客户说出他是怎样看待这个问题的,而这通常就是他希望得到的回答,你也就正好可以据此投其所好

课后小结

怎样?通过本节课的学习,一定有收获吧?现在请写出你的小小学习心得:

_____
_____
_____
_____
_____

第三课 避免带客看房错误

课前导引

带看过程是置业顾问为以后案件的进展做铺垫的时候,这时候客户心里想的全是即将看到的房子,置业顾问要做好带看工作,在客户满怀期望的时候给客户一个好的第一印象。

知识1:怎样避免迁就客人时间、地点

客户买房时通常都会比较谨慎及犹豫,这就需要我们进行推动,约客看房时不要问"您什么时候有时间看房",这样问大部分都会得到同样一个答案:"有时间再约吧"。因而,约客看房时,我们一定要争取强势,直接问他"您是上午有时间还是下午有时间",尤其对于一些热盘,如果约客约得晚,就只能看着别人成交了(我们一定要把这些信息巧妙地传递给客户,让其产生紧张感,然后抽时间来看房)。

知识2:如何避免见面不知如何沟通的情况

见面不知如何沟通,主要表现在以下4个方面,具体见表3-7。

表3-7 见面不知如何沟通的表现形式

序号	表现形式	具体细节
1	害怕、怯场	由于自己的自信不足表露于形色,令客人对自己信心不足,不敢将置业大事托付于你
2	不知道应该讲什么	由于行业知识不足,或者以往未经常与陌生人作沟通,因而不能营造轻松愉快的谈话气氛
3	不敢介绍	在接触客人的过程中,因为本身害怕讲多错多,往往会保持沉默,甚至经常出现冷场,这种情况会令客人不想和你沟通,觉得你很冷淡,导致看楼后很难再跟进

续表

序号	表现形式	具体细节
4	不知怎样提问	很多经验不足的置业顾问只会问客人贵姓、需要何种类型的房屋、购房的预算，这些问题一定要问得有技巧，不能单刀直入、不修饰，其实客人初次接触我们，最容易被套出心底话，因为客人都希望我们能帮到他，所以客人很乐意提供资料，因此，懂得怎样问问题非常重要

知识3：如何避免胡乱吹嘘、不熟环境不熟盘的情况

不熟悉环境与楼盘的几种表现，具体见表3-8。

表3-8 不熟悉环境与楼盘的表现形式

序号	表现形式	具体细节
1	不熟环境	对于自己所属的周边环境不熟悉，当客人忽然提出一些问题时，往往变得哑口无言
2	不熟盘	这是行业大忌，对于客户来说，他们认为置业顾问就如电脑一样，问你关于楼盘资料时，你必须能即时回答，否则客人对你的良好印象会大打折扣，所以置业顾问一定要对所负责的楼盘非常熟悉
3	不知楼龄、户型、面积等	这一个弱点会令客人失去信心，买房是人生大事，每个客人都会有很多疑虑，如置业顾问不能令客人觉得绝对性肯定的话，客人就会产生怀疑、忧虑
4	不了解房屋的详细情况时	客人想进一步了解你所推荐的房屋的详细情况时，如果你都说不出来，客户会没有信任感
5	怕答错问题，令客人不再相信你	置业顾问在和客人交流的过程中，应做到大胆假设、小心求证、勇于交谈，不小心说错时，可以诚恳道歉，表示错误，继而及时提供正确的答案

知识4：怎样避免看楼时只做带位员

1. 入到房屋里面时不知讲什么

看房时，因为对楼盘不熟，或怯场，或经验不足，往往不知道怎样介绍，或者一味地说好话，甚至有时遇到单位景观不好、装修破烂，都不知道怎样解释，导致客人对房屋印象模糊甚至差劣，又让业主觉得你无能力帮助他，两边不讨好。

特别提示 ▶▶▶

当遇到确实不怎么样的房子的时候,就要记得向客户说:"这套房子虽然有不足,但它的性价比非常高","忍恶扬善,避重就轻"就是推荐房子的诀窍,当然也要诚恳地承认房子有不足,因为房子根本不可能是十全十美的。

2. 不知道业主贵姓

业主也是我们的客户,他也同样给佣金,如果你记错业主姓名,而一开始就亲切地招呼"×先生(小姐),您好!"就会错失一个令业主有好印象的机会,以后谈价时就不能营造出好的氛围。

3. 不知业主背景、放盘的原因

很多时候客人都很想知道业主为何卖房,所以要多了解业主的背景,这有利于说服客人,或者容易掌控业主。

特别提示 ▶▶▶

在看楼时,要善于察言观色,了解业主和客人的反应,了解房屋的优劣,当发现某方特别想买或者特别想卖时,即时采取相应措施。

知识5:怎样避免不懂报价

当客人问到一套房子的价格时,有的置业顾问不知道怎样报价,怕报得高把客人吓跑了,报低了又怕客人还价时没有空间。其实,如果你感觉到客户已经非常了解行情了,你就报一个实际一点的价格,如果客人对所看的房屋不满意,你就可以照叫价报价,这样有助于客人做出比较,这种情况要靠置业顾问灵活判断,记住:比"最低价"叫高一些,永远好过无价在手。

知识6:如何避免看完房后没有向业主回复客户的情况

带客户看完房后一定要向业主回复客户的情况,顺便利用客户所说的房子的缺点向业主压价（此举能够借客户的意思来打击业主的信心，为日后的杀价打好基础）。

 特别提示 ▶▶▶

如果这次看房客户没有挑到满意的房子，就要立刻推荐其他的盘源，立刻和他约下次看房的时间，这样客户往往就会被你的热情所感动，也减少了他找其他行家继续看房的可能。

知识7：怎样突破客户的拒绝

客户拒绝的理由和方式多种多样，但应对的方法其实都大同小异，置业顾问要想方设法把拒绝转化为肯定，让客户拒绝的意愿动摇，此时置业顾问就乘机跟进，诱使客户接受自己的建议。表3-9列出了一些常见应对方式，以供参考。

表3-9 突破客户拒绝的应对方法

序号	客户说	置业顾问答
1	"我没时间！"	"我理解，我也老是时间不够用，不过只要3分钟，你就会相信，这是一个对你绝对重要的议题……"
2	"我现在没空！"	"先生，美国富豪洛克菲勒说过，每个月花一天时间在钱上好好盘算，要比整整30天都工作来得重要，我们只要花25分钟的时间！麻烦你定个日子，选个你方便的时间，我星期一和星期二都会在贵公司附近，所以可以在星期一上午或者星期二下午来拜访你一下！"
3	"我没兴趣！"	"是，我完全理解，对一个谈不上相信或者手上没有什么资料的事情，你当然不可能立刻产生兴趣，有疑虑有问题是十分合理自然的，让我为你解说一下吧，星期几合适呢？……"
4	"我没兴趣参加！"	"我非常理解，先生，要你对不晓得有什么好处的东西感兴趣实在是强人所难，正因为如此，我才想向你亲自报告或说明，星期一或者星期二过来看你，行吗？"
5	"请你把资料寄过来给我怎么样？"	"先生，我们的资料都是精心设计的纲要和草案，必须配合专业人员的说明，而且要对每一位客户分别按个人情况再做修订，等于是量体裁衣，所以最好是我星期一或者星期二过来看你，你看上午还是下午比较好？"

续表

序号	客户说	置业顾问答
6	"抱歉,我没有钱!"	"先生,我知道只有你才最了解自己的财务状况,不过,现在做个全盘规划,对将来才会最有利!我可以在星期一或者星期二过来拜访吗?"或者是说:"我了解,要什么有什么的人毕竟不多,正因如此,我们现在开始选一种方法,用最少的资金创造最大的利润,这不是对未来的最好保障吗?在这方面,我愿意贡献一己之力,可不可以下星期三,或者周末来拜见您呢?"
7	"目前我们还无法确定业务发展会如何!"	"先生,我们行销要担心这项业务日后的发展,你先参考一下,看看我们的供货方案优点在哪里,是不是可行,我星期一来还是星期二来比较好?"
8	"要做决定的话,我得先跟合伙人谈谈!"	"我完全理解,先生,我们什么时候可以跟你的合伙人一起谈?"
9	"我们会再跟你联络!"	"先生,也许你目前不会有什么太大的意愿,不过,我还是很乐意让你了解,要是能参与这项业务,对你会大有裨益!"
10	"说来说去,还是要推销东西?"	"我当然是很想销售东西给你了,不过要是让你觉得值得期待的,才会卖给你,有关这一点,我们要不要一起讨论研究看看?下星期一我来看你?还是你觉得我星期五过来比较好?"
11	"我要先好好想想!"	"先生,其实相关的重点我们不是已经讨论过了吗?容我率真地问一问:你顾虑的是什么?"
12	"我再考虑考虑,下星期给你电话!"	"欢迎你来电话,先生,你看这样会不会更简单些?我星期三下午晚一点的时候给你打电话,还是你觉得星期四上午比较好?"
13	"我要先跟我太太商量一下!"	"好,先生,我理解,可不可以约您夫人一起来谈谈?约在这个周末,或者您喜欢哪一天?"

课后小结

怎样?通过本节课的学习,一定有收获吧?现在请写出你的小小学习心得:

_____

_____

第四课　促成交易

课前导引

为了"不要让煮熟的鸭子飞了",有必要对客户实施一些"逼"的手段,当然,这儿的"逼"不是传统意义的强迫意义,没有哪个置业顾问会愚蠢地把刀架在客户的脖子上,这儿的"逼"是给客户一些心理诱导,让他非常高兴地答应成交。

知识1：促成交易前要做好哪些准备工作

一般来说,在促成交易前,应做好以下准备工作。

(1) 对已产生购买意向的客户,应立即将其带回公司。

(2) 再次肯定和赞扬客户的眼光,并把握时间,适时地向客户描绘买下这套房子的前景、利益,从而来增强客户的购买欲望。

(3) 到达公司后,先礼貌地请客户到会议室入座,并在第一时间为其送上茶水。

(4) 主动向客户介绍公司的概况和售后服务的完善度,从而提高客户的信任度。

(5) 和客户确认下单的事宜。

(6) 抓住客户的肯定回答,逼客户下订。

知识2：最佳的促成时机是什么

在促成交易时,置业顾问对时机的利用、把握相当重要,此时应注意以下2点。

(1) 如果你试图过早成交,客户会觉得你目中无人、莽莽撞撞,从而使成交变得极为困难。

（2）如果你下手过晚，则又会错过成交时机，失去交易。

知识3：如何掌握好客户的购买信号

所谓购买信号即客户在面谈中所表现出来的成交意向。客户的种种言行都能成为购买信号。一般来说，客户的购买信号主要有以下3种类型，具体见表3-10。

表3-10 客户购买信号的类型

序号	类型	诠释
1	表情的变化	可从客户的面部表情变化来判断成交的信号，如当客户的面部表情发生如下变化时，眼睛转动由慢变快、眼角舒展、眼睛发亮、炯炯有神，从托腮沉思变为轻松明朗、善意友好，态度由冷漠、怀疑变为自然大方、随和亲切等，就可能表示他已经产生购买意图，只要能合理敦促，便可着手成交
2	客户的语言	面谈过程中，客户的语言会传播积极的信号，只要善于分析、把握，便可寻到合适的成交机会
3	举止行为	客户行为举止的变化往往也会显示或暗示出成交的信号，如客户频频点头，由原来的拘谨、双手交叉抱胸的小心翼翼姿势变为身体松弛、双手分开坦荡的大大方方姿势等，这些行为举止都是些购买信号

知识4：如何排除心理障碍

一般来说，置业顾问在促成交易前，应排除以下心理障碍，具体见表3-11。

表3-11 置业顾问应排除的心理障碍

序号	心理障碍	诠释
1	担心成交失败	即置业顾问尽管明白拒绝和失败是很正常的，但在成交之前常常会产生恐慌，害怕自己前期的努力付诸东流
2	期望过高	置业顾问往往需要经过无数次艰辛的谈判，才能有极少数成交，因而如果期望太高，则会在无形中制造大量的压力，使之成为成交的阻力
3	认为客户会主动成交	绝大多数客户都持消极观望的态度，需要置业顾问主动出击，才能见成效

知识5：促成交易有哪些方法

一般来说，置业顾问在促成交易时，可参考以下方法，具体见表3-12。

表3-12 促成交易的方法

序号	方法	定义	备注
1	直接促成法	如果客户表露出购买信号时,置业顾问就应抓住时机,直接向客户提出成交的建议和请求	不能一味地催促客户,给予其太大的压力,要注意自己的语言、态度,用词要恰当,态度要十分诚恳
2	假定促成法	即置业顾问假定客户已经接受其建议而直接要求客户成交的一种成交方法	此法假设需要较大的准确性,且要很好地把握成交时机,否则极易引起客户的反感
3	避重就轻成交法	即置业顾问将成交的整体分解成零散的个体,让客户逐个拿定主意,当到一定程度时,再组合成整体,促使其下定交易决心的方法	使用此法时不要盲目转移、分散客户的成交注意力,以免影响成交气氛,使客户失去信心
4	让步成交法	即客户快要被说服但双方仍僵持不下,成交受到威胁时,双方所进行的相应让步	在洽谈中,当双方定下自己的目标,表达交易意愿后,则会进行讨价还价,此时让步是必需的,因为只有让步才能打破僵局,使交易向良性方向发展

知识6:如何说服业主收订

业主收订即置业顾问向业主收取订金。目前我国法律没有对"订金"做明确规定,它不具备订金所具有的担保性质,可视为"预付款"。当合同不能履行时,除不可抗力外,应根据双方当事人的过错承担违约责任。一般来说,置业顾问在说服业主收订时,可参考以下技巧。

1. 为业主设定考虑时限

为业主设定考虑时限,如你可以这样说:"×先生(小姐),买家的订金已在我手上,如果今晚19:00前价钱都谈不拢的话,买家便会与其他地产公司签下另一套房。其实大家都花不少工夫,我也不希望见到您白白失去售出的大好机会啊!"

2. 敦促业主收下订金

敦促业主收下订金,如你可以这样说:"×先生(小姐),客人的购买欲都是我努力逼出来的,可能是一时冲动也说不定。我花了很大努力才令客人下订金的。×先生(小姐),收下订金吧!免得夜长梦多,因为曾经出现过客户想清楚后,或受家人、朋友影响而取消交易的情况。"

3. 善用幸运号码

善用幸运号码,懂得灵活运用成交数字,如你可以这样说:"×先生(小姐），客户说37万始终偏高一点，这样吧，36.38万取价吉祥一点。"

4. 锄弱扶强

锄弱扶强，如果业主的态度比较强硬，则可在客户方面着手迫价，相反，则在业主方面着手迫价。因为双方虽然在价格上有距离，但都有共同的目标：一方想买，一方想卖。你可以在此过程中，寻找双方的弱点下工夫。

5. 接力谈判

接力谈判，即向业主重复价钱，使业主明白客户最高的出价已是极限。也可连同分行经理接力地与客户、业主进行谈判，因为交换谈判者的身份，可以使客户、业主互不接暇，从而接受置业顾问所订出的成交价格、要求。

课后小结

怎样？通过本节课的学习，一定有收获吧？现在请写出你的小小学习心得：

第五课　客户档案管理

课前导引

建立客户档案可以缩减销售周期和销售成本，寻求扩展业务所需的新市场和新渠道，通过提高、改进客户价值、满意度、赢利能力及客户的忠诚度，来改善企业经营的有效性。

知识1：如何建立客户档案

置业顾问可以通过专门收集客户与公司联系的所有信息资料、客户本身的内外部环境信息资料，以建立详尽的客户档案，具体见表3-13。

表3-13 建立客户档案资料的类型

序号	类型	内容
1	有关客户最基本的原始资料	包括客户的名称、地址、电话及他们的个人性格、兴趣、爱好、家庭、学历、年龄、能力、经历背景等
2	关于客户特征方面的资料	包括所处地区的文化、习俗、发展潜力等
3	关于客户周边竞争对手的资料	对竞争者的关系都要有各方面的比较
4	关于交易现状的资料	包括客户的销售活动现状、存在的问题、财务状况等

知识2：建立客户档案要注意哪些事项

一般来说，置业顾问在建立客户档案时，应注意以下事项。

（1）档案信息必须全面、详细。档案的建立，除了应包括客户名称、地址、联系人、电话这些最基本的信息外，还应包括其购买力、与本公司的交易意向等这些更为深层次的因素。

（2）档案内容必须真实。

（3）对已建立的档案要进行动态管理。

知识3：如何管理意向客户的档案

在对意向客户的档案进行管理时，可以参考以下方法。

（1）在接待完客户后，应把客户资料填入"意向客户登记表"（见表3-14），并及时填报客户追踪情况。

表3-14 意向客户登记表

编号	姓名	性别	年龄	电话	现在住址	意向单位	看房记录	观望原因	销售代表

制表人： 　　　　　　　　　　　填表日期： 　　年　月　日

（2）根据客户的等级，将意向明确的客户报给销控，以便协调房源，避免撞车的现象。

知识4：如何管理定金客户的档案

在对定金客户的档案进行管理时，可参考以下方法。

（1）客户定房后，应将其资料填入"业主登记一览表"（见表3-15），以便于对业主情况进行查询。

表3-15　业主登记一览表

序号	姓名	电话	住址	来电来访日期	看好单位	客户追踪	跟进情况

制表人：　　　　　　　　　　　　　填表日期：　年　月　日

（2）对客户的职业、经济收入水平、文化层次、居住区域、消费心理等，进行系统地统计分析，从而使目标客户群的定位更加明晰。

（3）业主要求换房或退房时，应将业主换房或退房的具体情况填入"客户换房、退房一览表"（见表3-16），并及时更新其相关的数据。

表3-16　客户换房、退房一览表

编号	姓名	房号	电话	换、退房时间	换、退房原因	销售代表	备注

制表人：　　　　　　　　　　　　　填表日期：　年　月　日

（4）定期出一份"销售退房情况一览表"，以便掌握销售动态，并总结退房的具体原因，及时调整自己的销售策略。

（5）对特殊优惠的客户，要进行备案，将其资料填入"特殊优惠客户一览表"（见表3-17），以便于查询。

表3-17 特殊优惠客户一览表

编号	姓名	性别	电话	房号	优惠形式	优惠原因	备注

制表人：　　　　　　　　　　　　　填表日期：　　年　月　日

知识5：如何管理签约客户的档案

在对签约客户的档案进行管理时，可以参考以下方法。

（1）应将未按规定期限签约的客户填入"未签约客户一览表"（见表3-18），以便尽早解决签约遗留问题，加速资金的回笼。对资金回笼的管理，可以参考以下方法。

——应将客户的交款情况填入"客户交款情况明细表"（见表3-19），可按付款方式对客户进行分类，以便及时向客户催款或催办按揭，从而加速资金回笼。

——应将办理延期付款的客户填入"延期付款客户一览表"（见表3-20），以便于及时了解回款情况。

表3-18 未签约客户一览表

序号	姓名	性别	年龄	电话	现住地址	职业	首次来访	终止时间	销售代表
1									
2									
3									
4									
…									

制表人：　　　　　　　　　　　　　填表日期：　　年　月　日

表3-19 客户交款情况明细表

客户编号	一次性付款	分期付款	按揭				
			轻松按揭	10年按揭	15年按揭	20年按揭	30年按揭

制表人： 　　　　　　　　　　　　　　填表日期： 　年　月　日

表3-20 延期付款客户一览表

编号	姓名	性别	年龄	房号	付款方式	付款金额	延期付款原因	备注

制表人： 　　　　　　　　　　　　　　填表日期： 　年　月　日

（2）对签约的客户，应将签约的具体情况填入"契约签署一览表"（见表3-21），并在备注中将合同的某些特殊条款列明，以便日后查询。

表3-21 契约签署一览表

编号	姓名	性别	年龄	家庭结构	现住地址	职业	行业	车辆	资金来源	认知途径	户型	首次来访	签约时间	付款方式	销售代表

制表人： 　　　　　　　　　　　　　　填表日期： 　年　月　日

知识6：如何管理问题客户的档案

对存在棘手问题的客户，可以将其资料填入"问题客户一览表"（见表3-22），并按客户服务流程及时上报，以便及时解决问题。

表3-22 问题客户一览表

编号	姓名	性别	年龄	房号	存在的问题	原因	备注

制表人： 　　　　　　　　　　　填表日期： 　年　月　日

课后小结

怎样？通过本节课的学习，一定有收获吧？现在请写出你的小小学习心得：

_____
_____
_____

第六课　问题处理

课前导引

置业顾问在与客户接触过程中，经常会遇到各种问题，如产品介绍不翔实、任意答应客户的要求等。那么如何更好地避免这些问题，更好地为客户提供服务就显得尤为重要。

问题1：如何避免产品介绍不详实

1. 原因

对产品不熟悉，对竞争楼盘不了解，迷信自己的个人魅力，特别是年轻女性置业顾问。

2. 解决方法

（1）楼盘公开销售以前的销讲，要认真学习，确实了解及熟读所有资料。

（2）进入销售场时，应针对周围环境，对具体产品再做详细了解。

（3）多讲多练，不断修正自己的措辞。

（4）随时请教老员工和部门主管。

（5）端正销售观念，明确让客户认可自己应有尺度，房屋买卖才是最终目的。

问题2：如何避免任意答应客户要求

常常任意答应客户要求有两个原因，一是置业顾问急于成交，二是为个别别有用心的客户所诱导。可以采用以下方法解决该问题。

（1）相信自己的产品，相信自己的能力。

（2）切实了解公司的各项规定，对不明确的问题，应向现场经理请示。

（3）注意辨别客户的谈话技巧，注意把握影响客户成交的关键因素。

（4）所有载以文字并列入合同的内容应认真审核。

（5）应明确规定，若逾越个人权责而造成损失的，由个人负全责。

问题3：未做客户追踪

由于现场繁忙，没有空闲，或者自以为客户追踪效果不大，或置业顾问之间协调不够，同一客户，害怕重复追踪，最终导致没有做客户跟踪。一般可采用以下方法解决。

（1）每日设立规定时间，建立客户档案，并按成交的可能性分门别类。

（2）依照列出的客户名单，大家协调主动追踪。

（3）电话追踪或人员拜访，都应事先想好理由和措辞，以避免客户生厌。

（4）每日追踪，记录在案，分析客户考虑的因素，并且及时回报现场经理，相互研讨说服的办法。

（5）尽量避免电话游说，最好能邀请来现场，可以充分借用各种道具，以提高成交概率。

问题4：不善于运用现场道具

有的置业顾问不明白、不善于运用各种现场销售道具的促销功能，或是迷信个人的说服能力，因此不善于运用现场道具。作为一名优秀的置业顾问，一定要合理运用现场道具。

（1）了解现场销售道具对说明楼盘的各自辅助功能。

（2）多问多练，正确运用名片、海报、说明书、灯箱、模型等销售道具。

（3）营造现场气氛，注意团队配合。

问题5：客户喜欢却迟迟不作决定

由于客户对产品不了解，想再作比较，或同时选中几套单元，犹豫不决，或想付定金，但身边钱很少或没带，因此虽喜欢却迟迟不作决定，这时，置业顾问可以采取以下方法解决。

（1）针对客户的问题点，再作尽可能的详细解释。

（2）若客户来访两次或两次以上，对产品已很了解，则应力促其早下决心。

（3）缩小客户选择范围，肯定他的某项选择，以便及早下定签约。

（4）定金无论多少，能付则定；客户方便的话，应该上门收取定金。

（5）暗示其他客户也看中同一套单元，或房屋即将调价，早下决定则早定心。

问题6：下定后迟迟不来签约

有的客户是想通过晚签约，以拖延付款时间，有的客户是事务繁忙，有意无意忘记了，有的客户对所定房屋又开始犹豫不决，以此导致下定后迟迟不来签约。置业顾问可以采取以下措施解决。

（1）下定时，约定签约时间和违反罚则。

（2）及时沟通联系，提醒客户签约时间。

（3）尽快签约，避免节外生枝。

问题7：如何处理退定或退户

客户退定或退户可能是受其他楼盘的置业顾问或周围人的影响，犹豫不决，或的确自己不喜欢，或因财力或其他不可抗拒的原因，无法继续履行承诺。置业顾问可以采取以下方法处理。

（1）确实了解客户的退户原因，研究挽回之道，设法解决。

（2）肯定客户选择，帮助排除干扰。

（3）按程序退房，各自承担违约责任。

课后小结

怎样？通过本节课的学习，一定有收获吧？现在请写出你的小小学习心得：

_____

_____

_____

第七课　网络营销

课前导引

随着互联网的普及，越来越多的消费者愿意通过互联网来进行房源的查询和了解。置业顾问利用互联网促进房屋买卖，进行网络营销也逐渐成为一种趋势和重要的客户开发渠道。利用网络平台进行房屋销售已成为置业顾问一种新的销售手段，与传统的线下和线上销售模式相结合。

知识1：网络营销方式有哪几种

置业顾问要进行网络销售，必须了解常见网络营销方式，选择适合自己的方法来进行营销推广。

1. 个人主页

置业顾问可以自己建立一个个人网站（成本包括空间、设计、域名等大概几百元左右，网上也有很多免费空间，不过不太稳定），也可以将公司网站下的个人子域名网络站点，作为自己的网络阵地，发布自己的各种信息。

2. 个人博客

现在很多门户和房地产行业网站都有博客功能，置业顾问可以免费建立一个个人网络博客，作为自己发布信息和形象展示的窗口。

3. 房产网站网店

很多房产网站提供免费置业顾问网店展示，置业顾问都可以去搜索之后建立自己的网店。

4. 即时通信工具

如MSN、QQ等在线及时通信工具，方便与同行及客户建立联系和交流。

5. 活跃的BBS房产论坛和社区

上网搜索一些本地活跃的门户网站、业主论坛和社区、房产论坛等，每天抽出一定的时间在网上搜集客户信息和发布信息。

6. 房产网站端口

如搜房网的搜房帮、口碑网，还有各地地方房产网站的房源发布端口。

7. 各分类垂直网站

如赶集网、口碑网、各地房源搜索网站等，置业顾问都可以发布必要的信息。

8. 电子邮件营销

通过新老客户、有需求的客户的电子邮箱，持续发送房源和促销信息。

知识2：网络营销项目有哪些

选择了一定的营销方式，那么进行网络营销的主要内容有哪些呢？这个也是置业顾问必须熟悉的。

1. 房源信息

发布本地区或者置业顾问所属商圈的房源信息。

2. 小区评价

对于小区的投资市场进行分析。

3. 政策信息

从专业的角度对国家和地方政策进行解读，如国家最新的限购政策、地方的限购政策。

4. 专业分析

对于楼盘、商铺投资分析，及投资回报率等的专业分析。

5. 市场分析

对于宏观的全国市场和本地房产市场分析。

6. 中介服务理念

通过网络方式对于中介行业、个人和公司的服务理念等进行宣导。

7. 自我介绍

置业顾问从事中介行业的经验和精耕商圈的范围和优势。

8. 置业顾问心得和成交故事

这与销售没有直接关系，但是通过哲理、激励故事、小笑话，可以提高博客或者个人主页的可读性，以此来吸引更多的人浏览你的主页。

知识3：如何利用博客进行营销

置业顾问可以建立个人博客，写上个人或房子相关信息，然后进行推广。

1. 选择房产门户和本地网站

建立个人博客最好是选择房产门户和本地网站，百度、谷歌有相关博客教程介绍。

（1）多注册几个即时通信工具如MSN、QQ等，名字要取和置业顾问有关的，比如资深置业顾问、金牌置业顾问、××商圈专家、小户型交易专家等。

（2）大公司可以附带上公司的名字，比如××地产××置业顾问、×××

地产××置业顾问。

（3）将博客地址和即时通信联系方式、电子邮箱地址印制在名片上、DM宣传单等一切可以让别人知道的地方上，以便让客户和同行在网络上可以迅速找到网络领地。

2. 上传内容、加入圈子

在正式推出博客之前，一定要推出大量的房源放在上面，最好有房源实堪时拍的图片，这样更加容易吸引人。房源的介绍要相对详细，不能几室几厅、多少平方米就完了，如小区特色介绍，包括小区环境、交通、配套、生活设施、会所、停车等方面，简洁明了，不要简单抄袭网上现有的，最好是用一个置业顾问专业的眼光对其进行分析。

（1）房源情况介绍。房源情况包括房源业主出售该房心态，房源的面积、房型、楼层、位置、景观、装修、配置、房源价格分析（总价、单价）等。

（2）房源税费介绍。因为是给买方者浏览的，所以比较重要的是帮客户清楚地计算其税费情况，以此显示你的专业度，让客户更加信任你。

（3）个人能力介绍。对个人专业能力的介绍，如你在这个片区的从业经历和处理类似房屋的成绩等。

（4）其他类似房源推介。直接推介一些类似房源或推介自己的店铺，这些都能给客户更多的选择；配上真实的现场图片，加上一些对市场的分析、对行情的看法、专业的投资理念分析等，一定要显示你的专业。

知识4：如何有效利用关键字词

关键字是客户寻找到你的有效方式，学会利用关键字才能更好地推广自己。大部分的网上客户都是通过关键字来搜索房源和博客，所以个人主页上一定要有客户感兴趣的关键字，这样客户才能通过搜索引擎找到你。

比如二手房、中介、小户型、朝阳、环境、性价比、公摊、××（地区或小区）二手房、交通、急售、急租、诚信中介、学区房、精品房源、热销等。

客户在搜索引擎里面喜欢输入什么词语来寻找房源或者置业顾问，主页或者网站上就要有这些字显示。

填写房源产权地址时可以填写小区所在位置的两条交汇的道路，再加上小区名字和所在板块的名称，只要客户搜索的关键字有里面的内容，信息就会被列出来。

一个最近发生的热门事件和讨论话题通常是增加流量的好办法，比如万科降价、易中天中介门事件、房产突发性新闻等。

在热门事件发生的第一时间，马上把它转载到自己的博客或者个人主页上，这样客户很容易搜索到你的博客或个人主页地址，顺便也展示自己的网络空间。

知识5：怎样扩大博客的影响力

博客和网页建好了，即时通讯工具有了，怎么让别人知道你的博客和主页，接下来就要学会扩大自己的影响力了。

1.房产网站发布

在各网站上广泛发布房源信息，房源要挑让客户感兴趣的，留下自己的联系方式。置业顾问在发布时，一定要掌握正确的方法。

比如搜房网需要逐条更新，同时发布日期也会更新，所以更新的时候要有选择，挑出重点推荐的房源更新。

购房者可以批量刷新，每天早上上班第一件事就是全部刷新一遍。对于激活日期这一点，建议按比例分配，部分房源选择5天，部分9天，这样可以分散信息，让搜索结果从头到尾都有信息，而不是全部都堆在前面。

2.论坛广泛发帖

门户、房产网、垂直网站、专业网站上有大量的论坛，可以写一些简单的内容，可以专门设计一个注册头像，宣传自己的博客或主页，更多内容或房源浏览博客或主页，不要忘了附上主页地址。原创的内容更好，题目要写得有吸引力，比如房东出国急售二手好房、推荐精品房源、××市房价之我见，不要太过于夸大其词。

很多论坛发帖都有一个签名，签名可以介绍自己的从业生涯、优势、联系方式，需简短而有吸引力。

3.加入博客圈

很多门户网站或者房产专业网站房产经纪行业都有自己的圈子，加入这些大家庭，可以迅速提高知名度。

及时通信工具也可以加入一些MSN、QQ群，和同行的即时通信群，及本地的业主论坛QQ群、BBS等，积极聊天，充分展示自己，让更多的人来到空间或者和你建立即时通信联系。比如在群里发一个比较醒目的题目，然后给出链接地址，引导人们到你的网站上去看。

比如房产理财专家、职业投资客、房产咨询顾问、本小区准业主等，在这些群和BBS空间里面要相对活跃，回答问题和交谈要积极。对于别人的发言要留意，有出售或者购买的信息可以用新身份及时通信工具与之再进行沟通。

4. 友情链接

与一些有影响的博客或者网站做文字或者图片友情链接，单向或者交换都可以。经常在一些业界有影响力的博客上面进行留言，然后附上自己的博客地址和简介、自己的即时通信联系方式。

5. 搜索引擎

每个搜索引擎都有免费登陆口，置业顾问要在这些搜索引擎上做免费登陆。被搜索引擎收取后，客户搜索的时候出现的概率会有很大提高。

了解了客户的心理，才能知己知彼，百战不殆。在房地产交易市场上，按照客户的购买行为进行客户心理分析，才能进一步认识客户的真正需求，从而达到销售目的。

课后小结

怎样？通过本节课的学习，一定有收获吧？现在请写出你的小小学习心得：

_____
_____
_____
_____
_____
_____

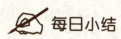 每日小结

今日进步：

1. _____
2. _____
3. _____
4. _____

今日反省：

1. _____
2. _____
3. _____
4. _____

心态训练	➡ 做到打 √ 未做到打 × 写出改进承诺： _____ _____ _____ _____	□ 积极　□ 勤奋　□ 诚信 □ 认真　□ 坚持　□ 宽容 □ 负责　□ 创新　□ 微笑 □ 优先顺利　□ 好学　□ 热忱 □ 马上做　□ 谦逊　□ 整洁 □ 日清日新　□ 分享　□ 适度

参 考 文 献

[1] 刘建伟,陈朴.一本书学会做房地产经纪人.北京:人民邮电出版社,2010.
[2] 孙龙,王高翔.如何成为一流房地产经纪人.北京:化学工业出版社,2011.
[3] 陈信科等.二手房销售技巧——房地产经纪人的38堂必修课.北京:机械工业出版社,2012.